Oldenbourg Interpretation
Band 71

Oldenbourg Interpretationen
Herausgegeben von
Klaus-Michael Bogdal und Clemens Kammler

begründet von
Rupert Hirschenauer (†) und Albrecht Weber

Band 71

Johann Wolfgang Goethe

Iphigenie auf Tauris

Interpretiert von Achim Geisenhanslüke

Oldenbourg

Alle in Klammern gesetzten Zahlen – etwa (50) – sind Versnummern von Goethes Iphigeniendrama und beziehen sich auf folgende Ausgabe: Johann Wolfgang Goethe, Iphigenie auf Tauris. Stuttgart: 1993 u. ö. (RUB 83). Alle eingeklammerten Hinweise auf Seiten und Abschnitte – beispielsweise: (siehe S. 12); (vgl. Kap. 1.2) – sind Binnenverweise der vorliegenden Interpretation.

Zitate sind halbfett gekennzeichnet.

Die Deutsche Bibliothek – CIP-Einheitsaufnahme
Geisenhanslüke, Achim:
Goethe, Iphigenie auf Tauris : Interpretation / von
Achim Geisenhanslüke. – 1. Aufl. in der neuen Rechtschreibung
– München : Oldenbourg, 1997
(Oldenbourg-Interpretationen ; Bd. 71)
ISBN 978-3-637-88670-4
NE: GT

Bei Zitaten, Literaturangaben und Materialien im Anhang ist die neue Rechtschreibung noch nicht berücksichtigt.

1. Auflage 1997
Unveränderter Nachdruck 14 13 12 11 10
Die letzte Zahl bezeichnet das Jahr des Drucks.

Lektorat: Ruth Bornefeld, München
Herstellung: Karina Hack, München
Typografisches Gesamtkonzept: Gorbach GmbH, Buchendorf
Umschlagkonzeption: Mendell & Oberer, München
Satz: jürgen ullrich typosatz, Nördlingen
Druck: Himmer AG, Augsburg

ISBN 978-3-637-88670-4

Inhalt

Vorwort

Mit der Iphigenie ist mir unmöglich etwas anzufangen[1], schreibt GOETHE 1802 in einem Brief an SCHILLER um sein Unbehagen über eine bevorstehende Aufführung des Stückes auszudrücken. Dem heutigen Leser mag es ähnlich ergehen wie GOETHE selbst: **dem zarten Sinne fühlt' ich mich entfremdet.**[2] Wenn schon GOETHE zwanzig Jahre nach dem Erscheinen der *IPHIGENIE* kaum noch etwas mit ihr anzufangen wusste, wie soll man ihr heute, zweihundert Jahre später, noch etwas abgewinnen können? Für manche Leser verkörpert die *IPHIGENIE* daher im besten Fall ein naives Rührstück, im schlimmsten Fall ein literarisches Ärgernis, dem man lieber aus dem Weg geht.

GOETHES launische Selbstkritik kann allerdings nicht vergessen machen, dass sein Schauspiel zu den bedeutendsten Werken der deutschen Literatur zählt und in mancher Hinsicht die Geburtsstunde der Weimarer Klassik bedeutet. Anders als der *FAUST* aber, der in seinem titanisch-heroischen Streben nach dem Absoluten zum Urbild des modernen Menschen werden konnte und sich dadurch ungebrochener Aktualität versichert, verdankt sich der Geist der *IPHIGENIE* einem *zarteren* und darum wohl auch unzeitgemäßeren Sinne: dem der Wahrheit und der Menschlichkeit, deren unerhörte Stimme Iphigenie verkörpert. Im Vergleich zum Übermenschen Faust, dessen rebellische Züge noch die des Bruders Orest mitbestimmen, entspringt der läuternde Geist der Iphigenie einem *menschlicheren* Menschenbild, in dessen Mittelpunkt nicht der grenzüberschreitende Geist des Titanischen steht, sondern der Versuch einer Selbstbehauptung, die sich nur innerhalb der Grenzen des Humanen verwirklichen lässt. Der geschichtliche Akzent der Menschlichkeit, der das Drama leitmotivisch begleitet und in einer oft falsch verstandenen Weise zum *Festspiel der Humanität* hat werden lassen, begründet jedoch zugleich dessen Aktualität. Auf dem Spiel steht die Frage, ob es mit den begrenzten Mitteln des Menschen gelingen kann, die tragische Verstrickung in Schuld in eine Form der Freiheit zu verwandeln, die ein Leben, dessen Maßstab die Menschlichkeit ist, erst ermöglicht.

Die vorliegende Interpretation versucht daher weniger die *IPHIGENIE* als den zeitlosen Ausdruck der klassischen deutschen Humanität zu begreifen, als dass sie sich der Frage zuwendet, unter welchen geschichtlichen Bedingungen GOETHE in der Tragödie einen Begriff der Menschlichkeit dargestellt hat, der zum Leitbild des Klassischen werden konnte. Dabei zeigt sich zum einen, dass der Klassizismus der *Iphigenie* vor allem in der philosophischen Tradition der Aufklärung und Kants Idee der Autonomie des Menschen verankert ist. In den Prozess der Dialektik der Aufklärung schreibt sich die *Iphigenie* darüber hinaus ein, indem sie die philosophische Frage nach der Freiheit des Menschen in einen Zusammenhang mit der tragischen Verstricktheit in Schuld stellt. Das Ziel der vorliegenden Arbeit ist es, anhand des Themas von Freiheit und Schuld die Modernität, damit aber auch die ungebrochene Aktualität von Goethes Schauspiel darzustellen.

Die Interpretation richtet sich vor allem an Lehrer/innen und Studierende um eine übersichtliche Einführung in die Fragen zu geben, die in der *Iphigenie* verhandelt werden. Dabei stehen nicht die Lösungen des Dramas im Vordergrund der Darstellung, sondern die Probleme, aus denen die unterschiedlichen Lösungsmöglichkeiten erwachsen. Die lineare Interpretation des Dramas im Hauptteil der Arbeit wird ergänzt durch kurze Abhandlungen zu wichtigen Einzelfragen wie etwa den Leitmotiven oder den philosophischen Hintergründen der Tragödie, wobei zahlreiche Querverweise innerhalb der Arbeit es dem Leser erleichtern sollen, sich einen Überblick über das Ganze zu verschaffen. Die Ergebnisse der Interpretation werden anschließend in den Unterrichtshilfen auf die Anforderungen des Unterrichts abgestimmt, Vorschläge zum Stundenablauf gemacht, wobei sich die Unterrichtssequenz wiederum an der Chronologie des Textes orientiert.
Hinweise:

Alle in Klammern gesetzten Zahlen – etwa: (50) – sind Versnummern von Goethes Iphigeniendrama.

Alle eingeklammerten Hinweise auf Seiten und Abschnitte – beispielsweise: (siehe S. 12); (vgl. Kap. 1.2) – sind Binnenverweise dieser Arbeit.

1 Stoff- und Entstehungsgeschichte

1.1 Der Tantalidenmythos

Der Stoff, den GOETHE in seinem Schauspiel *IPHIGENIE AUF TAURIS* thematisiert, stammt aus der griechischen Mythologiegeschichte. Am Beispiel des Tantalus und seiner Nachkommen bis hin zu den Geschwistern Iphigenie und Orest wird die schuldhafte Verstrickung des Menschen mit dem Schicksal verhandelt. Im Zentrum des Mythos, der darin der christlichen Idee der Erbsünde vergleichbar ist, steht die Frage nach der menschlichen Schuld, die in einer frevelhaften Erhebung zu den Göttern begründet ist und durch den Fluch der Götter über das Geschlecht der Menschen bestraft wird. In GOETHES Adaption wird das Moment des menschlichen Frevels noch unterstrichen, indem die Taten des Tantalus an verschiedenen Stellen mit denen des Prometheus verglichen werden. Das Beispiel des Tantalus erscheint in diesem Zusammenhang nicht allein als Paradigma schuldhafter Verfehlung, sondern zugleich als Ausdruck einer Autonomie des Menschen, die sich in der Auflehnung gegen die Götter begründet. Die wesentlichen Probleme, die GOETHES Drama entwickelt, sind im griechischen Mythos bereits vorgebildet. Im Folgenden wird daher eine kurze Zusammenfassung der Tantalidensage gegeben, um das Verständnis des mythologischen Hintergrundes der Tragödie zu erleichtern.

Der griechischen Sage zufolge war Tantalus, der Ahnherr von Iphigenie, ein Sohn der Pluto und des Tmelos. Eine zweite Tradition, der GOETHE folgt, nennt Zeus als Vater des Tantalus. Unterschiedliche Versionen existieren ebenfalls hinsichtlich des Vergehens, dessen Tantalus sich schuldig macht. Eine erste Überlieferung berichtet, dass Tantalus die Götter zum Festmahl an seine Tafel lädt. Um ihre Allwissenheit zu prüfen, setzt er ihnen seinen eigenen Sohn Pelops vor.[3] Einer zweiten, moderateren Fassung zufolge speist Tantalus mit den Göttern. Zeus vertraut ihm seine Pläne an, die dieser an die Menschen verrät. Für sein Verbrechen, das ihn in die Nähe des Prometheus rückt, wird Tantalus bestraft, indem er, von einem über ihm hängenden Felsbrocken bedroht, in der Unterwelt ewigen Hunger und Durst leiden muss. GOETHE, der Tantalus bewusst in die Tradition der titanischen Opposition gegen die Götter stellt, knüpft in seiner Bearbeitung des antiken Stoffes duchgängig an die zweite Überlieferungsgeschichte an.

Von Tantalus setzen sich die Vergehen des Atridengeschlechts ungebrochen bis zu Iphigenie und Orest fort. Pelops, der Sohn des Tantalus, wird von den Göttern wieder zum Leben erweckt und heiratet in zweiter Ehe Hippodameia, die Tochter des Königs Oinomaos, den er beim Wagenrennen hinterlistig besiegt und tötet. Die Söhne der Hippodameia und des Pelops, Atreus und Thyest, ermorden ihren vom Vater bevorzugten Halbbruder Chrisyppos. Nach dem Tod des Vaters streiten sie um die Herrschaft in Mykene. Als Atreus seinen Bruder mit dessen Frau Aërope betrügt, muss er fliehen. Aus Rache schickt Thyest Pleisthenes, einen Sohn des Atreus, den er als den seinen aufgezogen hat, nach Mykene um Atreus zu töten. Atreus, der den Mordanschlag durchschaut und Pleisthenes hinrichten lässt, erkennt zu spät, dass er den eigenen Sohn getötet hat. Um seinerseits Rache zu nehmen lädt er Thyest zur scheinbaren Versöhnung nach Mykene ein, wo er diesem die eigenen Söhne zum Essen vorsetzt.

Nach dem Tod des Atreus, der durch Ägisth, einen dem Inzest entsprungenen Sohn des Thyest und der Pelopia, gewaltsam umkommt, wird Thyest von Agamemnon und Menelaos, den Söhnen des Atreus, vertrieben. Mit Agamemnon beginnt die unmittelbare Vorgeschichte der IPHIGENIE. Agamemnon heiratet Klytaimnestra und hat drei Kinder mit ihr: Iphigenie, Elektra und Orest. Als Helena, die Frau des Menelaos und Schwester der Klytaimnestra, von Paris nach Troja entführt wird, wählen die Griechen in Aulis Agamemnon zu ihrem Anführer. Die Göttin Artemis, die Agamemnon wegen einer beleidigenden Äußerung zürnt, verhindert die Abfahrt der griechischen Flotte durch eine Flaute, die sie nur dann aufzuheben verspricht, wenn Agamemnon die eigene Tochter Iphigenie opfert. Unter dem Vorwand der Vermählung mit Achill wird Iphigenie in das griechische Lager gelockt, auf dem Opferaltar jedoch von Artemis, die sie in einer Wolke verhüllt und an ihrer Stelle unbemerkt eine Hirschkuh auf den Altar legt, gerettet und nach Tauris geführt.

Nach der Rückkehr aus Troja wird Agamemnon von Klytaimnestra und deren Liebhaber Ägisth aus Rache für die Opferung Iphigenies im Bad umgebracht. Orest, der Sohn des Agamemnon, wächst bei seinem Onkel Strophius und dessen Sohn Pylades auf. Auf Befehl des Apoll kehrt er unter einem Vorwand nach Argos zurück, wo er von der Schwester Elektra angestachelt, seine Mutter und deren Liebhaber Ägisth umbringt. Für den Muttermord wird Orest von den Erinnyen, den antiken Rachegöttinnen, verfolgt. In Athen wird ihm in Anwesenheit von Apoll und den Erinnyen der Prozess gemacht. Durch die Stimme Athenes erlangt er den Freispruch, Apoll und die Erinnyen werden versöhnt.

GOETHES Bearbeitung verzichtet auf die theologische Lösung des Streites zwischen den Erinnyen und Apoll zugunsten einer psychologischen Deutung: Die Erinnyen inkarnieren das Gewissen des Orest (vgl. Kap. 5.2.4), die Erlösung erfolgt nicht durch den schlichtenden Spruch der Götter, sondern durch die heilende Kraft der Schwester (vgl. Kap. 5.2.6). GOETHES *IPHIGENIE* gewinnt damit einen spezifisch modernen Charakter, der die mythische Schuld des Atridenhauses in die psychologische Frage von Schuld und moralischer Verantwortung verwandelt. In der gleichen Weise werden die Vergehen der Tantaliden durch eine anthropologische Deutung des tragischen Konflikts zumindest teilweise entschuldigt: Sie entsprechen dem titanischen Drang des Menschen den Göttern gleich zu werden. Die Schuld entspringt einem Streben, das dem Menschen in der Auflehnung gegen die Götter erst sein eigenes Recht gibt. Den tragischen Grundkonflikt zwischen Menschen und Göttern, der stellvertretend von antiken Heroen wie Prometheus und Tantalus ausgetragen wird, hat GOETHE in der *IPHIGENIE* durch eine neue Versöhnung zwischen Menschen und Göttern ersetzt. Der Fluch der Tantaliden wird von Iphigenie entsühnt und der Konflikt zwischen Menschen und Göttern ausgesöhnt.

1.2 Bearbeitungen der »Iphigenie« (Euripides, Racine)

Die Geschichte des Atridenhauses hat unterschiedliche dramatische Beabeitungen erfahren. Im Mittelpunkt des Interesses stand zumeist die Geschichte des Orest. Während von AISCHYLOS im Gegensatz zur vollständigen *ORESTIE* nur ein Bruchstück eines Iphigeniedramas überliefert wurde, ist EURIPIDES Tragödie *IPHIGENIE BEI DEN TAURERN* aus dem Jahre 416 v. Chr. vollständig erhalten geblieben. Für die Bearbeitungsgeschichte des Iphigeniestoffes stellt das Stück des EURIPIDES die wichtigste Vorlage dar, an dessen Vorgaben sich auch Goethes Schauspiel orientiert.

Im Mittelpunkt von EURIPIDES' Drama steht der Raub des Kultbildes der Göttin Artemis. Im Unterschied zu GOETHES Gestaltung des Themas setzt die Handlung nach dem Prolog der Iphigenie unmittelbar mit dem Versuch der Griechen ein das Bild der Göttin aus dem Tempel zu stehlen, um dem Gebot des Apoll entsprechend für Orests Erlösung von den Erinnyen zu erlangen. Die Freunde werden jedoch ertappt und der Iphigenie, die als Priesterin auf Tauris weilt, zum Opfer vorgeführt. Nach einer kunstvoll gestalteten Wiedererkennungsszene beschließen sie den Barbarenkönig Thoas zu täuschen, indem sie vorgeben das Bild von der Beschmutzung durch den Muttermörder Orest zu reinigen. Sie wollen so die Gelegenheit nutzen mit dem Bild auf einem Schiff nach Griechenland zurückzukehren. Der Betrug scheint zunächst zu gelingen, aber dann werden die Griechen durch ungünstige Winde zum Ufer zurückgetrieben. Aus der ausweglosen Situation rettet erst das Einschreiten der Athene als Dea ex machina, die Thoas die Verfolgung der Griechen verbietet und Orest befiehlt er solle das Bild nach Attika bringen um dort einen neuen Kult zu stiften, während Iphigenie als Priesterin der Artemis nach Brauron berufen wird.

Der antiken Tradition entsprechend trägt das Drama des EURIPIDES einen kultisch-religiösen Charakter, der in Anlehnung an den Artemiskult den Raub des Götterbildes rechtfertigt. **Der Grieche wendet oft sein lüstern Auge / Den fernen Schätzen der Barbaren zu** (210 f.): Mit diesen kritischen Worten kommentiert Thoas in GOETHES Tragödie den Kunstdiebstahl, der von EURIPIDES legitimiert wird. GOETHE übernimmt zwar die wesentlichen Züge der griechischen Tragödie, insbesondere das Motiv des Bildraubes, die Wiedererkennungsszene sowie den Versuch der Griechen die Barbaren zu überlisten. Gleichwohl entfernt er sich von allen kultischen Begründungszusammenhängen um eine Darstellung vorzubringen, die im Wesentlichen von den unterschiedlichen psychologischen Charakteren inspiriert wird. Einige Unterschiede zwischen EURIPIDES und GOETHE fallen daher sofort ins Auge. Dem Wegfall des griechischen Chors entspricht in GOETHES Tragödie der Ausfall des Deus ex machina, der eine spezifisch menschliche Lösung ermöglichen soll ohne das Einschreiten der Götter. Die Zurückweisung des Göttlichen führt auch in der Figurenführung zu einer Aufwertung des Menschlichen. Die Figur des Thoas, der bei EURIPIDES einen etwas einfältigen Barbarenkönig darstellt, beansprucht bei GOETHE die gleiche sorgfältige Darstellung wie die Griechen: Als Vater, der seinen Sohn verloren hat und nun um seine politische Herrschaft auf der Insel Tauris fürchtet, werden ihm allgemein-menschliche Züge verliehen, die der schlichten Entgegensetzung von Griechen und Barbaren widersprechen. Schließlich deutet GOETHE die Figur der Iphigenie in entscheidender Hinsicht um. Während sie in der Tragödie des EURIPIDES sowohl zum Menschenopfer prinzipiell bereit ist als auch den Betrug an Thoas selbst ersinnt, entlastet GOETHE sie von aller Beteiligung am Unrecht um sie zu einer Heiligenfigur zu gestalten, die in mancherlei Hinsicht eher an die christliche als die antike Tradition erinnert.[4] Zusammenfassend lässt sich sagen, dass GOETHES Schauspiel zwar eng an das griechische Vorbild anknüpft, sich jedoch zugleich von den religiösen und kultischen Hintergründen der antiken Tragödie entfernt.

Die berühmte Trias der griechischen Tragiker, AISCHYLOS, SOPHOKLES und EURIPIDES, hat im Laufe der Geschichte die unterschiedlichsten Nachahmer erfahren. Einen in seinen Mitteln und Zielen höchst umstrittenen Höhepunkt in der Wirkungsgeschichte der antiken Tragödie stellt die französische Tragödie des 17. Jahrhunderts dar, der vor allem vonseiten der deutschen Kritik seit LESSING vorgeworfen wurde, sie sei nichts anderes als ein schlechtes Imitat der Griechen. Unabhängig von der Tatsache, dass GOETHE wie die meisten deutschen Literaturkritiker und Dichter den französischen Tragikern nicht viel Gutes abgewinnen konnte, ist insbesondere die Dramentechnik JEAN RACINES nicht ohne Einfluss auf ihn geblieben. Von RACINE (1639–1699), dem bedeutendsten Dramatiker des französischen Klassizismus, sind zwar nur Pläne und Bruchstücke zu einer *IPHIGENIE AUF TAURIS* erhalten, wohl aber ist eine *IPHIGENIE AUF AULIS* überliefert, zu der GOETHES Schauspiel einige Bezugspunkte aufweist.

RACINES *IPHIGENIE* nimmt wie ihr griechisches Vorbild die prekäre Lage der Griechen in Aulis zum Ausgangspunkt. Die griechische Flotte wartet vor Aulis seit drei Monaten vergeblich auf Wind, um nach Troja segeln zu können. Dem Orakel zufolge muss Agamemnon seine eigene Tochter Iphigenie opfern um von den Göttern günstigen Wind zu erhalten. Unter dem Vorwand der Vermählung mit Achill lockt er seine Tochter nach Aulis. In der Darstellung der Opferung der Iphigenie weicht RACINE durch einen fragwürdigen Kunstgriff vom griechischen Vorbild ab. RACINE zufolge lautet der Orakelspruch an Agamemnon: Opfere eine Tochter aus dem Geschlecht der Helena mit dem Namen Iphigenie. Durch den Priester Kalchas erfahren die überraschten Griechen und mit ihnen der nicht minder überraschte Zuschauer, dass sich im Gefolge der Iphigenie noch eine *zweite* Iphigenie befindet, die eigentlich mit dem Orakelspruch gemeint sei: Eriphile, eine illegitime Tochter von Helena und Theseus, die von ihren Eltern ebenfalls Iphigenie genannt wurde. An der Stelle von Agamemnons Tochter wird daher im letzten Akt Eriphile-Iphigenie geopfert. Die eigentliche Iphigenie ist gerettet und die Griechen erhalten den gewünschten Wind um nach Troja zu segeln.

RACINES elegante Lösung ist wegen ihrer Unglaubwürdigkeit oft gescholten worden. Unabhängig von allen kritischen Einwänden ist der waghalsige Kunstgriff, Iphigenie durch eine menschliche Stellvertreterin und nicht durch ein Opfertier zu ersetzen auch für GOETHES Drama nicht ohne Konsequenz. Denn GOETHE kann das Problem der Stellvertretung in gemilderter Form übernehmen und auf das Verhältnis von Iphigenie und Diana übertragen, indem er das göttliche Orakel von Orest zum Schluss neu auslegen lässt. Orests Einsicht, mit Apolls Forderung die Schwester nach Griechenland zu bringen sei nicht das Kultbild der Göttin Diana gemeint, sondern die eigene Schwester Iphigenie, verdankt sich im Grunde einer ähnlich spitzfindigen Intuition wie RACINES Idee, die Tragödie in bewusster Verletzung der Gesetze der Wahrscheinlichkeit harmonisch aufzulösen, indem jemand anderes als die Tochter Agamemnons geopfert wird.[5] Es ist aber nicht nur die glückliche Auflösung der Tragödie, die GOETHE in eine Verbindung mit RACINE stellt. Die streng symmetrische Figurenkonstellation, die den Griechen Orest und Pylades die Taurer Thoas und Arkas zuordnet, erinnert an die französische Theaterpraxis, dem tragischen Helden einen Vertrauten zuzuordnen um aus der Verdoppelung der Charaktere heraus das dramatische Zwiegespräch zu entwickeln. Und schließlich scheint die Aufteilung des dramatischen Geschehens in fünf Akte unter strenger Einhaltung der drei Einheiten von Handlung, Raum und Zeit bei GOETHE eher der französischen als der griechischen Tragödie verpflichtet zu sein. So weit sich RACINE auch vom griechischen Original entfernt haben mag, die strenge Form der französischen Tragödie erfüllt GOETHES *IPHIGENIE* nicht minder als die RACINES: **Iphigénie en Tauride, tragédie en cinq actes, tout à fait selon les régles**[6], so eindeutig schätzte GOETHE in einer von ihm selbst erstellten Werksübersicht die Übereinstimmung seines Schauspiels mit der französischen Tradition ein.

Neben EURIPIDES und RACINE hat der Iphigeniestoff noch weitere dramatische Bearbeitungen erfahren, die allerdings keinen spürbaren Einfluss auf GOETHES Darstellung ausübten. Der Vollständigkeit halber seien hier noch JOHNN ELIAS SCHLEGELS Drama *OREST UND PYLADES* (1737) sowie GLUCKS Musikdrama *IPHIGÉNIE EN TAURIDE* (1779) besonders genannt.

1.3 Die Entstehung von Goethes »Iphigenie«

Die Entstehungsgeschichte der *IPHIGENIE* reicht vom Jahre 1779, in dem Goethe die erste Fassung des Schauspiels in nur dreiundvierzig Tagen niederschrieb, bis zum Jahre 1787, in dem er das Stück in der Form, wie es heute überliefert ist, beendete. Im Vergleich zu den sechzig Jahren, in denen er am *FAUST* gearbeitet hat und der ähnlich langen Zeit, die ihn der *WILHELM MEISTER* von den Lehr- bis zu den Wanderjahren beschäftigt hat, scheinen die acht Jahre Arbeit an der *IPHIGENIE* fast ein Kinderspiel – sie zeigen aber, dass auch das klassische, scheinbar der Zeit enthobene Werk sich einem *work in progress* verdankt, dem eher zufällig ein Ende gesetzt wurde, wie GOETHE in der *ITALIENISCHEN REISE* anlässlich der Fertigstellung der *IPHIGENIE* bemerkte: **So eine Arbeit wird eigentlich nie fertig, man muss sie für fertig erklären, wenn man nach der Zeit und den Umständen das Möglichste getan hat.**[7]

Dass GOETHE sein Möglichstes getan hat um seiner Arbeit eine angemessene Form zu verleihen, belegen die zahlreichen Umarbeitungen, die das Stück erfahren hat. Am 14. Februar 1779 beginnt GOETHE die

Niederschrift der *Iphigenie* in Prosa, am 28. März ist das Stück bereits beendet, am 6. April wird es auf der Liebhaberbühne in Weimar uraufgeführt, wobei Goethe neben Corona Schröter als Iphigenie selbst die Rolle des Orest übernimmt.

Dass Goethe erst in der höfischen Welt Weimars, in der er seit dem Jahre 1775 vorwiegend administerielle Aufgaben übernahm, hinter denen seine dichterische Produktion zurückstehen musste, zu dem klassischen Geist der Antike fand, scheint dem französischen Beispiel analog auf ein harmonisches Verhältnis von Hof und Dichtung hinzuweisen. In Wirklichkeit aber war bereits die Niederschrift der ersten Fassung von einer inneren Spannung bestimmt. Während der Arbeit an der *Iphigenie* war Goethe damit beschäftigt, Rekruten für den Krieg Preußens gegen Österreich auszuheben – der friedliche Geist seines Dramas steht in krassem Gegensatz zum politischen Alltag in Weimar. In der endgültigen Versfassung hat Goethe die *Iphigenie* allerdings erst während seiner Italienischen Reise fertig gestellt, die in mancherlei Hinsicht eine Flucht aus Weimar bedeutet. Bereits 1780 hatte er damit begonnen, die Prosafassung der *Iphigenie* in Verse umzuarbeiten um ihr, wie es in einem Brief heißt, **noch mehr Harmonie im Stil zu verschaffen.**[8] Im Jahre 1781 verfasste er eine zweite, genauer durchgearbeitete Prosafassung, die er an einige Freunde verschickte. Erst 1786 versuchte er im Rahmen einer Gesamtausgabe seiner Schriften bei dem Leipziger Verleger Göschen während eines Kuraufenthaltes in Karlsbad dem Drama ein neues Versgewand zu geben. Die Umarbeitung in freie Verse machte allerdings bald Schwierigkeiten. Das Vorbild der Griechen drohte die Arbeit zu ersticken, wie Goethe Herder mitteilte.

> **Ich bin in große Not geraten, die ich dir sogleich anzeigen und klagen muß. Nach deinem Abschied las ich noch in der Elektra des Sophokles. Die langen Jamben ohne Abschnitt und das sonderbare Wälzen und Rollen des Periods, haben sich mir so eingeprägt, daß mir nun die kurzen Zeilen der Iphigenie ganz höckerig, überklingend und unlesbar werden.**[9]

Angesichts des erhabenen Stils der griechischen Tragödie suchte Goethe seinem Schauspiel eine Form zu geben, die sich dem antiken Beispiel anzunähern vermochte. Er wählte zu diesem Zweck in Absprache mit Herder den Blankvers, einen fünffüßigen Jambus, den bereits Wieland und Lessing mit Erfolg verwendet hatten (vgl. Kap. 5.6.1). Neben Herder aber gebührt vor allem Karl Philipp Moritz der Verdienst eine Verfassung der *Iphigenie* überhaupt erst ermöglicht zu haben. **Iphigenie in Jamben zu übersetzen hätte ich nie gewagt, wäre mir in Moritzens *Prosodie* nicht ein Leitstern erschienen. Der Umgang mit dem Verfasser, besonders während des Krankenlagers, hat mich noch**

mehr darüber aufgeklärt und ich ersuche die Freunde, darüber mit Wohlwollen nachzudenken.[10] GOETHE hatte MORITZ in Rom kennen gelernt, sich mit dem Verfasser des *ANTON REISER* freundschaftlich verbunden und in ausführlichen Gesprächen dessen *VERSUCH EINER DEUTSCHEN PROSODIE* diskutiert. In Rom beendete GOETHE schließlich auch die Arbeit an der *IPHIGENIE* und sandte sie am 13. Januar 1787 nach Weimar: Aus der Fremde, die ihm für zwei Jahre zur Heimat geworden war, schickte er sein Schauspiel in die Heimat, die ihm in mancherlei Hinsicht fremd geworden war.

1.4 Der Gang der Handlung

GOETHES Schauspiel erfüllt alle Bedingungen, die an die geschlossene Form der klassischen Tragödie gestellt werden. Unter Einhaltung der Einheit von Handlung, Ort und Zeit wird der dramatische Konflikt in fünf Akten entfaltet, die sukzessiv auf die abschließende Versöhnung hinarbeiten. Zwei Themen beherrschen das Drama: Iphigenies Verbannung auf Tauris und Orests Auftrag das Kultbild der Diana zu entführen um von der Schuld des Muttermordes freigesprochen zu werden.

Dabei fällt die streng symmetrische Konstruktion der Tragödie auf. Während im ersten Akt anhand der Wiedereinführung des Menschenopfers der tragische Konflikt exponiert wird, konfrontiert der zweite Akt Iphigenie mit Pylades, der die eigene Identität geschickt verbirgt um die ihm unbekannte Priesterin auszuhorchen. Analog zum zweiten Akt wird der vierte Akt von der Figur des Pylades beherrscht, der versucht die Taurer zu überlisten um den Auftrag des Apoll auszuführen. Der Täuschung, die im zweiten und vierten Akt entwickelt wird, stehen mit dem dritten und fünften zwei Akte der *Wahrheit* entgegen. Im dritten Akt erfolgt die für den weiteren Verlauf entscheidende Wiedererkennung der Geschwister, wobei der dramatische Prozess in der anschließenden Heilung des Orest einen ersten Abschluss erfährt. Der fünfte Akt vollzieht die abschließende Versöhnung, indem er die beiden Themen des Dramas zusammenführt: Orest, von den Erinnyen befreit, kehrt mit seiner Schwester in die Heimat zurück.

So sehr sich GOETHE formal an die Einheit von Handlung, Ort und Zeit gehalten hat, so sehr wird aber auch deutlich, dass die Konstruktion des Dramas weniger dem Gang der tragischen Handlung folgt als auf die Zusammenstellung der Charaktere Wert legt. Entscheidend für den Aufbau des Dramas ist die Abfolge der einzelnen Dialoge. Im ersten Akt wird Iphigenie zunächst allein vorgestellt, dann trifft sie auf Arkas und schließlich in einem ersten dramatischen Höhepunkt auf Thoas. In der gleichen Weise begegnet Iphigenie im zweiten Akt zunächst Pylades, bevor sie im dritten Akt mit dem Bruder Orest zusammengeführt wird. Im vierten Akt treten wiederum nur Iphigenie, Arkas und Pylades auf, während der gesamte fünfte Akt Iphigenie, Orest und Thoas gewidmet ist. GOETHES Drama ist damit trotz seiner klassischen Gestalt kein antikes Handlungsdrama, sondern ein modernes Charakterstück. Dem Vorrang der Handlung vor den Charakteren in der antiken Tragödie steht bei GOETHE die psychologische Gestaltung der Figuren entgegen, die die dramatische Handlung zunehmend ins Innere der Protagonisten verlegt.

1.5 Übersicht über den Handlungsverlauf

Szenenfolge/Personen	Handlung	Funktion/Thema
I.1: Iphigenie	Eingangsmonolog: Iphigenies Klage über ihr Exil auf Tauris	Exposition: Einführung des dramatischen Konflikts und psychologische Schilderung Iphigenies
I.2: Iphigenie-Arkas	Arkas bereitet Iphigenie auf den Hochzeitsantrag von Thoas vor. Reflexion über Fremde und Heimat	Entwicklung des dramatischen Konflikts: Hochzeitsantrag von Thoas verschärft Iphigenies Lage: Fremde soll endgültig zur Heimat werden
I.3: Iphigenie-Thoas	Thoas macht Iphigenie einen Heiratsantrag. Iphigenie lehnt ab und begründet ihre Ablehnung durch die Offenbarung ihrer Herkunft. Thoas führt daraufhin das Menschenopfer wieder ein	Verschärfung des Konflikts durch Wiedereinführung des Opfers. Iphigenies doppelter Widerstand gegen Hochzeit und Opfer
I.4: Iphigenie	Monolog Iphigenies als Bitte an die Schutzgöttin Diane, ihr erneut zu helfen	Unterbrechung des dramatischen Geschehens durch lyrische Reflexion Iphigenies über das Verhältnis von Menschen und Göttern
II.1: Orest-Pylades	Orest und Pylades in skythischer Gefangenschaft. Reflexion über den bevorstehenden Tod und die Vergangenheit. Frage nach dem Willen der Götter und dem Orakel	Einführung der Oresthandlung. Unterschiedlicher Charakter von Orest und Pylades: Verzweiflung und Hoffnung. Frage nach dem Verhältnis von Menschen und Göttern

Szenenfolge/Personen	Handlung	Funktion/Thema
II.2: Pylades-Iphigenie	Pylades täuscht Iphigenie durch verfremdete Erzählung seines und Orests Schicksals. Iphigenie erfährt die Geschichte Trojas und den Tod von Agamemnon	Vorbereitung der Wiedererkennung. Iphigenies Hoffnung auf Rückkehr zum Vater zerschlägt sich
III.1: Iphigenie-Orest	Iphigenie fragt Orest nach Agamemnon und der Familie aus. Orest offenbart seine Identität. Wiedererkennen der Geschwister. Orest zweifelt an der Identität Iphigenies und fällt in Ohnmacht	Wiedererkennen der Geschwister und Verknüpfung der Geschichte Orests und Iphigenies. Unterschiedliche Reaktion der Geschwister. Orest bleibt in der Verzweiflung, Iphigenie im Vertrauen auf die Götter
III.2: Orest	Orest wacht aus der Ohnmacht auf. Versöhnende Vision vom Schicksal der Tantaliden	Versuch Orests, sich aus Schuld und Fluch zu befreien. Scheitern der Versöhnung an Tantalos als Ursprung des Fluchs
III.3: Orest-Iphigenie-Pylades	Iphigenie und Pylades rufen die Götter um Hilfe an, um Orest von seiner Schuld zu befreien. Die Erinnyen ziehen sich zurück. Heilung des Orest	Heilung des Orest. Naturmetaphorik: Parallelität von Natur und Heilung
IV.1: Iphigenie	Iphigenie bittet die Götter um Segen für Pylades. Innere Vorbereitung auf die von Pylades verlangte Täuschung der Skythen und erste Zweifel der Iphigenie	Einführung des Plan des Pylades. Iphigenies beginnende Skepsis als Vorbereitung für die eigene Lösung
IV.2: Iphigenie-Arkas	Ermahnung an Iphigenie, das Opfer zu vollziehen. Iphigenie täuscht Beschmutzung und Notwendigkeit der rituellen Reinigung des Götterbildes vor. Arkas will Thoas benachrichtigen	Verzögerung des Opfers als Vorbereitung der endgültigen Auseinandersetzung. Iphigenie im Konflikt zwischen Pylades und Arkas
IV.3: Iphigenie	Monolog Iphigenies als Ausdruck zunehmenden Zweifels an der Notwendigkeit, die Skythen zu täuschen.	Iphigenies Zweifel als Vorbereitung der eigenen Lösung durch Vermittlung zwischen Skythen und Griechen

Szenenfolge/Personen	Handlung	Funktion/Thema
IV.4: Iphigenie-Pylades	Pylades will das Bild aus dem Tempel entführen. Drohende Gefahr durch bevorstehendes Auftauchen von Thoas. Auseinandersetzung zwischen Pylades und Iphigenie	Aufeinandertreffen der beiden Lösungsversuche: Pylades als Vertreter der Rhetorik und des Verstandes gegen Iphigenies Vertrauen auf die Götter durch das Herz
IV.5: Iphigenie	Monolog Iphigenies als Reflexion über Fluchtzusammenhang und Entsühnung. Erinnerung an das Lied der Parzen	Thematisierung des Verhältnisses von Menschen und Göttern. Iphigenies Absage an den Fluch durch Erinnerung des Parzenliedes
V.1: Thoas-Arkas	Thoas und Arkas zweifeln an Iphigenie. Thoas befiehlt, das Ufer nach griechischem Schiff abzusuchen	Scheitern des Plan des Pylades. Vorbereitung des abschließenden Konfliktes zwischen Griechen und Skythen
V.2: Thoas	Monolog von Thoas: Bedauern seiner Milde, Erwägung einer strengeren Herrschaft	Drohender Regreß der Skythen in Barbarei und Sklaverei
V.3: Thoas-Iphigenie	Iphigenie offenbart Thoas die Wahrheit über den Plan der Griechen und über deren Identität, Thoas schwankt	Iphigenie als Vertreterin von Wahrheit und Humanität
V.4: Thoas-Iphigenie-Orest	Orest stürmt bewaffnet auf die Bühne. Der drohende Konflikt mit Thoas wird durch Iphigenie abgewendet	Waffengewalt als erste Lösungsmöglichkeit für den Konflikt
V.5: Thoas-Iphigenie-Orest-Pylades-Arkas	Pylades und Arkas, ebenfalls bewaffnet, werden von Thoas von der Bühne gewiesen	Zurückweisung von Pylades und Arkas als Vorbereitung der endgültigen Lösung
V.6: Thoas-Iphigenie-Orest	Orest und Thoas fordern Zweikampf. Einschreiten der Iphigenie. Orests Auslegung des Orakels. Thoas stimmt in Rückkehr der Griechen ein. Abschied	Gespräch statt Waffengewalt. Symbolische Stellvertretung der Göttin Diane durch den Menschen Iphigenie. Versöhnung von Griechen und Skythen als Ausdruck umfassender Humanität

2 Zur Forschungslage

GOETHES *IPHIGENIE* hat eine Vielzahl unterschiedlichster Interpretationen erfahren. Sämtliche Deutungen systematisch aufzuarbeiten wäre eine Aufgabe, die dem einführenden Charakter der vorliegenden Interpretation widerspräche. Daher soll im Folgenden nur ein kurzer Überblick über die wichtigsten Etappen der Forschungsgeschichte gegeben werden.

GOETHES Tragödie hat bereits in der Zeit ihrer unmittelbaren Wirkungsgeschichte äußerst widersprüchliche Reaktionen hervorgerufen. Der strittige Punkt war zumeist das Verhältnis zum griechischen Vorbild. Während die einen (Jacobi, Bodmer, Iffland) in der *IPHIGENIE* eine vollkommen verfehlte Nachahmung der Antike erblickten – Bodmer hielt **Goethes Iphigenie für schlechter als das schlechteste unter Senecas Trauerspielen**[11] –, betonten die anderen (Wieland, Schiller, W. von Humboldt, Hegel), wie sehr es GOETHE gelungen sei, den Ton der griechischen Tragödie zu treffen. **Iphigenie scheint bis zur Täuschung** [...] **ein alt griechisches Werk zu sein**[12], meint Wieland und Hegel behauptet in einer Kritik an der antiken Lösung durch den Deux ex machina sogar, dass GOETHES Bearbeitung der Iphigenie die griechische durch die **Umwandlung solcher bloß äußerlichen Göttermaschinerie in Subjectives, in Freiheit und Sittlichkeit**[13] übertreffe. Im Laufe der Zeit hat sich diese Deutung immer mehr durchgesetzt, aber auch einseitig verschärft: die *IPHIGENIE* wurde gleichgesetzt mit einem Begriff von Humanität und sittlicher Freiheit, der in Anlehnung an die Griechen gerade dem philosophischen Geist der Deutschen entspräche. Der moderne Charakter der *IPHIGENIE* wurde zur Geburtsstunde der deutschen Dichtung durch den Geist der Humanität im Gewande der griechischen Tragödie. Wilhelm Scherer prägte den Ausdruck von der *IPHIGENIE* als *Seelendrama*[14] und in ähnlicher Weise feierten Friedrich Gundolf und Emil Staiger das Stück als das Evangelium des deutschen Humanismus.[15] Die *IPHIGENIE* wurde zum Mythos der reinen deutschen Innerlichkeit und damit zum Idealbild eines Humanitätsbegriffes, der für alle Zeiten verbindlich sein sollte.

In der Zeit nach dem Zweiten Weltkrieg bemühte sich die Forschung um ein differenzierteres Bild. Zwar konnte die *IPHIGENIE* insbesondere in der Schule weiterhin als Beispiel für einen unkritischen Humanitätsbegriff gedeutet werden. Differenziertere Deutungen aber deckten die

Widersprüchlichkeit des Dramas auf, indem sie den Begriff der Humanität neu zu akzentuieren versuchten. So betont Arthur Henkel (*Die ›verteufelt humane‹ Iphigenie*, 1965) die inneren Widersprüche des Humanitätsbegriffes. In anregender und provokativer Weise über Henkels Deutung hinausgegangen ist Theodor W. Adorno (*Zum Begriff des Klassizismus in Goethes Iphigenie*, 1967). Er versucht das Drama in den Prozess der Dialektik der Aufklärung einzubinden: Die Unterdrückung der Natur durch die Vernunft in der abendländischen Geschichte erfahre bei Goethe eine Kritik, die den Umschlag von Aufklärung in den Mythos prophezeie. Adornos Deutung, die das verklärte Bild der *Iphigenie* als Monument der deutschen Humanität und Innerlichkeit eindrucksvoll widerlegt, rückt Goethes Text jedoch allzu eindeutig in den Horizont der Dialektik der Aufklärung ohne die Frage nach dem Unterschied zwischen philosophischer und literarischer Darstellung zu stellen.

Ergänzt und kritisiert wurde Adornos Interpretation daher von Hans Robert Jauss (*Racines und Goethes Iphigenie*, 1973), der auf der Grundlage eines rezeptionsgeschichtlichen Vergleichs von Goethe und Racine versucht, die ***Iphigenie* [...] von der Hülle des antikisierenden Klassizismus zu befreien**[16], um zugleich zu betonen, dass Goethe in der Figur der Iphigenie einen neuen Mythos, den der erlösenden Weiblichkeit, schaffe. Die Interpretation von Jauss ist von Wolfdietrich Rasch (*Goethes Iphigenie auf Tauris als Drama der Autonomie*, 1979) aufgenommen und erweitert worden: Die *Iphigenie* sei kein hehres Weihespiel der Humanität, sie thematisiere das Problem der menschlichen Autonomie im Spannungsverhältnis von Menschen und Göttern. Den genannten Autoren ist es damit gelungen, der *Iphigenie* aktuelle Deutungsmöglichkeiten zu erschließen, die Goethes Drama in der Kritik an dem überzeitlichen Begriff der Humanität an die Tradition des Aufklärungsgedankens verweisen, der die *Iphigenie* bestimmt, ihr aber zugleich historische Grenzen setzt.

3 Biografische und soziologische Grundlagen

Biografisches Faktenwissen hat in der Literaturgeschichte eine große Versuchung zu monokausalen Erklärungsmodellen ausgeübt. Vor allzu leichter Identifikation von Leben und Werk sollte daher abgesehen werden. Die vollständige Ausblendung biografischer Bezüge zugunsten einer rein werkimmanenten Interpretation bedeutete jedoch gleichermaßen eine bewusste Eingrenzung der Deutungsmöglichkeiten. Daher soll im Folgenden kurz auf die biografischen und sozialgeschichtlichen Umstände eingegangen werden, die GOETHES Arbeit an der *IPHIGENIE* begleiteten.

In mehr als einer Hinsicht bedeutet die *IPHIGENIE* eine Veränderung in GOETHES Leben und Schaffen. Der jugendliche Stürmer und Dränger wandelt sich zum reifen Klassizisten, der bürgerliche Dichter findet Aufnahme in die höfische Welt Weimars. 1775 wurde GOETHE an den Hof des Herzogs Karl August berufen. In Weimar entwickelte sich das schwesterlich-brüderliche Verhältnis zu Charlotte von Stein, in der ein Teil der Forschung, so Gundolf, Staiger und Friedenthal[17], die hohe Gestalt der Iphigenie hat erblicken wollen: Die von allen physischen Bezügen freie Reinheit der Iphigenie scheint ganz dem kühlen Geist der Charlotte von Stein zu entsprechen, die auf GOETHES Leben in Weimar einen ähnlich wohltätigen Einfluss ausübt wie Iphigenie auf ihren Bruder Orest. Aber noch eine zweite Person ist für die Figur der Iphigenie von Bedeutung. 1777 war GOETHES einzige Schwester Cornelia, die seinen Jugendfreund Johann Georg Schlosser geheiratet hatte, gestorben. Wie einige Interpreten, so Rasch und Eissler[18], hervorheben, hat GOETHE, der ein sehr enges Verhältnis zu Cornelia hatte, die Erinnerung an die Schwester, die Orest tot geglaubt auf Tauris wiederfindet, im Drama verarbeitet: Die Trauer um den Tod der wirklichen Schwester scheint zu deren Wiederauferstehung im Medium der Dichtung geführt zu haben. Die Tatsache, dass GOETHE selbst bei der Uraufführung den Orest gespielt hat, unterstützt noch die Vermutung, dass sich in der Figur der Iphigenie die schwesterichen Beziehungen zu Cornelia und zu Charlotte von Stein spiegeln, während GOETHE sich mit Orest identifiziert. Allerdings sollten diese Vermutungen nicht zu weit geführt werden. So einleuchtend es auch sein mag, dass sowohl Cornelia als auch Charlotte von Stein das Bild der Iphigenie geprägt haben, so sehr ist doch hervorzuheben, dass GOETHE in seinem Drama eine Idealfigur geschaffen hat, die sich von allen realen Bezügen distanziert.

Mit der biografisch-historischen Tatsache, dass die Entstehung der *Iphigenie* an Goethes Anfangszeit in Weimar gebunden ist, verbindet sich die Frage nach der Verknüpfung von Kunst und Politik am Hofe Karl Augusts. Goethe, der in zunehmendem Maße in die Verwaltungstätigkeiten des Herzogtums eingebunden wurde, bekleidete seit 1776 das Amt eines Geheimen Legionsrates. 1779 wurde er Geheimer Rat des Herzogs, sodass er sich gezwungen sah seine dichterische Produktion hinter den administrativen Tätigkeiten, die von ihm verlangt wurden, zurückzustellen. Die *Iphigenie* ist aus einem merkwürdigen und vielkommentierten Kompromiss zwischen politischer und künstlerischer Tätigkeit entstanden. 1779 geriet Sachsen-Weimar in eine schwierige politische Lage: Preußen verlangte vom Herzog Karl August die Rekrutenaushebung für den Krieg gegen Österreich. Goethe war während dieser Zeit Mitglied der Kriegskommission und mit der Aufgabe der Rekrutenaushebung betraut. Die friedliche Intention seines Dramas, das er an seinen freien Abenden während der Reise durch Sachsen und Thüringen verfasste, scheint damit in krassem Widerspruch zu seiner politischen Mission zu stehen, die ihn zudem mit dem sozialen Elend der arbeitenden Bevölkerung konfrontierte. Den Widerspruch zwischen Kunst und Wirklichkeit hat Goethe in einem Brief an Charlotte von Stein eindringlich festgehalten. **Hier will das Drama gar nicht fort, es ist verflucht, der König von Thoas soll reden als wenn kein Strumpfwürker in Apolda hungerte.**[19] Goethes viel zitierter Satz scheint resignierend eine ausweglose Entgegensetzung von Dichtung und gesellschaftlicher Realität anzuerkennen: Der aristokratischen Sphäre, in der Goethes Drama angesiedelt ist, spricht die triste soziale Wirklichkeit zuwider. Christa Bürger hat den Konflikt zwischen poetischer und verwalterischer Tätigkeit in diesem Sinne als Zeichen einer Trennung von Kunst und Leben ausgelegt, die das bürgerliche deutsche Theater, dessen privilegierter Repräsentant Goethe sei, konstituiere. **Wie kein anderes Stück ist *Iphigenie* das Resultat einer bewußt gelebten Trennung von künstlerischer Produktion und Lebenspraxis.**[20]

Bürgers Überlegungen sind sicherlich nicht ohne Evidenz. Der Vorwurf, Goethe verpflichte sich durch die strikte Trennung von künstlerischem Wirken und sozialen Umständen einem realitätsfernen Ideal der Kunst, ist jedoch in dieser Form nicht zu halten. Dem Beispiel der griechischen und der französischen Tragödie folgend orientiert sich Goethe an den hohen Charakteren, die die Tragödie im Unterschied zur Komödie fordert. Mit König Thoas aber hat er zugleich das Volk der Skythen im Blick, das unter dem Einfluss der Iphigenie eine Periode der Befreiung erlebt, die der König zum Schluss des Dramas aufzuheben droht: **Zur Sklaverei gewöhnt der Mensch sich gut / Und lernet leicht gehorchen, wenn man ihn / Der Freiheit ganz beraubt.** (1787–1789) Die Versöhnung, die Iphigenie im letzten Akt erwirkt, ist daher auch politisch zu deuten: Die Errungenschaften der Priesterin, der Verzicht auf das Menschenopfer als Garant des kulturellen Fortschritts, werden im dramatischen Prozess bestätigt und gesichert. Man wird GOETHE in diesem Zusammenhang sicherlich keine revolutionäre Gesinnung nachweisen können: Nicht anders als Kant spricht er sich gegen eine revolutionäre Volkserhebung aus, wie sie Frankreich wenige Jahre später erleben sollte um am Beispiel Weimars die Idee eines aufgeklärten Fürstentums zu verteidigen, das dem bürgerlichen Dichter Schutz vor sozialen Angriffen bietet. Die *IPHIGENIE* entspricht damit aber keiner bewusst gelebten Trennung von Kunst und Leben, wie Bürger meint, sie versucht vielmehr im Medium der Dichtung eine Synthese von Kunst und Wirklichkeit herzustellen. Dass das künstlerische Werk dadurch wieder in einen Gegensatz zu der es begleitenden gesellschaftlichen Realität gerät, gehört zu den Spannungen, die im Drama selbst verhandelt werden: Die Frage nach der Autonomie des Menschen, die GOETHE in den Vordergrund seiner Tragödie stellt, schließt einen Bezug zur sozialgeschichtlichen Realität nicht aus, wenn sie diesen Weg auch nicht ausdrücklich verfolgt.

4 Rezeptionsgeschichtliche Aspekte: Antike und Moderne

Gilt Goethes *Iphigenie* in unserer Zeit zu Recht als Inbegriff vollkommener vergangener Kunst?[21] Vor den Hintergrund dieser provozierenden Frage hat Jauss eine rezeptionsgeschichtliche Interpretation der *Iphigenie* gestellt, die die Bedeutung des Dramas **nicht mehr als überzeitliche Substanz, sondern als historisch sich bildende Totalität**[22] zu erfassen versucht. Jauss' Deutung steht in offenkundigem Widerspruch zu traditionellen Interpretationen von Goethes Werk, die in dem Klassizismus der *Iphigenie* ein literaturgeschichtliches Monument erkennen wollen, das allen geschichtlichen Bestimmungen enthoben ist und daher zeitlose Gültigkeit für sich in Anspruch nehmen kann. Für die Deutungsmöglichkeiten des Stückes stellt sich daher die Frage, inwiefern der klassizistische Geist der *Iphigenie* mit der Frage nach der geschichtlichen Bedingtheit ihrer Entstehung aus dem Geist der Aufklärung zu vermitteln ist.

Der Begriff des Klassischen, der Goethes *Iphigenie* wie kaum einem anderen seiner Schauspiele zugeschrieben wird, hängt eng mit der Anknüpfung an die griechische Tragödie zusammen. In Übereinstimmung mit dem Geist der Antike scheint Goethe in der *Iphigenie* einen Begriff von Humanität entwickelt zu haben, der in der Form der Tragödie seinen gültigen Ausdruck gefunden hat. Der formale Klassizismus und der humane Gehalt der Tragödie, die sich beide dem griechischen Vorbild verdanken, verbinden sich zu einem Dichtungsideal, das unter dem Namen der *Weimarer Klassik* in die Literaturgeschichte eingegangen ist.

Goethe selbst hat den hellenistisch-humanistischen Aspekt seiner Dichtung allerdings nicht immer eindeutig positiv beurteilt. In einem Brief vom 19. Januar 1802 schickte er eine *Abschrift des gräzisierenden Schauspiels* an Schiller um zu fragen, was dieser denn von seiner *Iphigenie* halte. **Er selbst habe hie und da hineingesehen, es ist ganz verteufelt human.**[23] Was Goethe der *Iphigenie* in seinem Brief nicht ohne innere Distanz und Ironie zuspricht, dass sie sich an den griechischen Vorbildern orientiere und zugleich Ausdruck einer Humanität sei, die er merkwürdigerweise als **ganz verteufelt** bezeichnet, fasst in der Form der Selbstkritik die wesentlichen Merkmale eines Schauspiels zusammen, das wie kein anderes Werk den klassischen Geist Weimars zu verkörpern scheint.

Der heutige Leser vergisst dabei leicht, dass Goethes Rückkehr zu den Griechen die Zeitgenossen einigermaßen überraschen musste. Bekannt geworden war der Verfasser durch den *Werther* und den *Goetz von Berlichingen*, Jugendschriften im Geiste des Sturm und Drang, die zugleich Ausdruck einer Rebellion gegen die regelerstarrte Tradition waren. Nicht die Griechen waren Goethes Vorbild, sondern das wüste Genie Shakespeares, das sich um die berühmten Regeln, die Einheit von Handlung, Ort und Zeit nicht scherte.

Ich zweifelte keinen Augenblick, dem regelmäßigen Theater zu entsagen. Es schien mir die Einheit des Orts und so kerkermäßig ängstlich, die Einheiten der Handlung und der Zeit lästige Fesseln unserer Einbildungskraft. Ich sprang in die freie Luft und fühlte erst, daß ich Hände und Füße hatte.[24]

Mit diesen Worten wandte sich der junge Autor Goethe zugunsten Shakespeares gegen das starre, regelbewusste französische Theater Corneilles und Racines, das für sich in Anspruch nahm an die Griechen anzuknüpfen. Und mit einem Mal präsentiert Goethe ein Schauspiel, das ganz nach den von den Franzosen vorgegebenen Regeln gefertigt ist und wie die meisten Stücke des Racine einen Stoff des Euripides neu gestaltet. Die *Iphigenie* ist das Zeichen einer Wende in Goethes Werk und einer Wende in der deutschen Literatur überhaupt. Die Frage, die sich in diesem Zusammenhang stellt, ist die, ob Goethes Begründung des deutschen Klassizismus wirklich in Übereinstimmung mit dem Geist der Antike steht, an den sein gräzisierendes Schauspiel anzuschließen beansprucht.

Die Rückkehr zu den Griechen, die Goethe in der *Iphigenie* einschlägt, war in der deutschen Literatur lange vorbereitet. Winckelmann hatte sie in einer seiner berühmten Formeln von der Nachahmung der Alten als notwendigen Schritt für die Erlangung einer deutschen Nationalliteratur gefordert. **Der einzige Weg für uns, groß, ja, wenn es möglich ist, unnachahmlich zu werden ist die Nachahmung der alten, […] sonderlich der Griechen.**[25] Der Weg zur Unnachahmlichkeit, den Winckelmann in paradoxer Weise fordert, durch Nachahmung unnachahmlich werden, lautet sein Programm – ist von Goethe konsequent vollendet worden. Iphigenies reiner kindlicher Geist scheint Winckelmanns Charakterisierung der griechischen Vorbilder, die sich durch **edle Einfalt und eine stille Größe**[26] auszeichnen, auf ideale Weise zu verwirklichen.

Kritische Zeitgenossen, darunter auch Schiller, an den jener Brief von der **verteufelt humanen** Iphigenie adressiert war, haben allerdings bemerkt, dass das Stück so griechisch wiederum nicht ist. Zwar hatte Schiller wie auch Wieland zunächst gelobt, dass Goethe in der *Iphi-*

GENIE den griechischen Geist in fast beängstigend überzeugender Weise nachahme. Später heißt es jedoch:

> **Sie ist aber so erstaunlich modern und ungriechisch, daß man nicht begreift, wie es möglich war, sie jemals mit einem griechischen Stück zu vergleichen. Sie ist ganz nur sittlich; aber die sinnliche Kraft, das Leben, die Bewegung und alles, was ein Werk zu einem echten dramatischen spezifiziert, geht ihr sehr ab.**[27]

Mit seinem harschen Urteil spricht SCHILLER der *IPHIGENIE* nicht nur ab eine den Griechen vergleichbare Tragödie zu sein, er scheint ihr durch die geschichtsphilosophische Unterscheidung von antiker und moderner Dichtung den Charakter des Tragischen überhaupt zu verwehren: An die Stelle der sinnlichen Kraft, die die griechische Tragödie leitet, tritt in der *IPHIGENIE* der sittliche Geist der Moderne. SCHILLER deutet damit an, dass GOETHE in seinem Schauspiel den tragischen Konflikt ganz in das Innere der Heldin verlegt habe. Erstaunlich modern und ungriechisch sei GOETHES Tragödie, indem sie den griechischen Glauben an das durch die Götter verhängte Schicksal durch ein Pathos der Innerlichkeit ersetzt, das sich im Menschen Iphigenie realisiere. Schiller revidiert damit seine frühere Einschätzung des Dramas.

Mit SCHILLERS Kritik am Klassizismus des Stückes rückt zugleich der Gehalt der Tragödie in den Blick: Die Frage nach dem Geist der Humanität, der die *IPHIGENIE* durchweht. Nun zeigt sich, dass die beiden wesentlichen Merkmale, die die *IPHIGENIE* zum Vorbild der deutschen Klassik befähigen, die Nachahmung der Alten und der Ausdruck reiner Humanität, nicht ohne Einschränkungen miteinander zu vereinbaren sind. Den Geist der Menschlichkeit, den GOETHES *IPHIGENIE* atmet, kennt das griechische Vorbild nicht: Wo bei GOETHE der Mensch Iphigenie die Versöhnung herbeiführt, zeichnen sich bei EURIPIDES die Götter verantwortlich. Der Unterschied zwischen der antiken und der modernen Tragödie scheint darin zu bestehen, dass die Menschen an die Stelle der Götter treten. GOETHES Drama verweist damit aber auf eine andere Tradition als die der griechischen Tragödie: auf die europäische Aufklärung des 18. Jahrhunderts. In der Berufung auf **die Stimme der Wahrheit und der Menschlichkeit, die Atreus, / Der Grieche nicht vernahm,** (1937–1938), ist die *IPHIGENIE* keinem zeitlos gültigen Begriff von Humanität verhaftet, sondern einem in der Aufklärung verwurzelten Bild des Menschen, das nach autonomen, von religiösen und politischen Gewalten unabhängigen Möglichkeiten des Handelns fragt. Im Vergleich zum religiösen Gehalt der griechischen Tragödie erklärt sich die Klassizität der *IPHIGENIE* gerade aus der Emanzipation von Religion und Politik zugunsten eines Begriffes der menschlichen Selbstbestimmtheit, der in Übereinstimmung mit den Idealen der philosophischen Aufklärung steht. Ist die *Iphigenie* in ihrer langen Rezeptionsgeschichte immer wieder als Ausdruck eines einseitig an dem Vorbild der Griechen orientierten Menschenbildes gedeutet worden, so ergibt sich der spezifisch moderne Geist, den Schiller dem Drama zu Recht unterstellt hat, erst aus der geschichtlichen Spannung von antik-klassischer Form und modern-aufklärerischem Gehalt. Die folgende Interpretation wird daher nicht auf dem Ideal der Humanität als einem zeitlosen Vorbild bestehen, das die die Dichtung bestimmenden Geschichtszusammenhänge übergreift, sondern die Frage nach dem geistesgeschichtlichen Zusammenhang von Goethes Dichtung mit der Philosophie und Dialektik der Aufklärung in den Vordergrund stellen.

5 Hauptteil: »Iphigenie auf Tauris«

GOETHES *IPHIGENIE* ist der Versuch, die Freiheit und Autonomie des Menschen in der Tragödie zu verwirklichen. Dabei zeigt sich, dass die Erlangung der Selbstbestimmung an einen dramatischen Prozess gebunden ist, in dessen Verlauf sich Wahrheit und Menschlichkeit gegen den Irrtum und die Abhängigkeit von religiösen und politischen Instanzen durchsetzen. Die folgende Darstellung orientiert sich an der Chronologie des Textes um die einzelnen Lösungsschritte der Tragödie sukzessiv nachzuvollziehen.

5.1 Iphigenie

5.1.1 Iphigenie in der Fremde

GOETHES Schauspiel beginnt mit einer geographischen Ortsbestimmung, die zugleich in die psychologische Situation der Protagonistin einführt. In der **Schwebe zwischen Prologus und Monolog**[28], so Henkel, schreitet Iphigenie den dramatischen Raum ab. Vom Hain der Götter wandert sie in Gedanken zum Ufer, **das Land der Griechen mit der Seele suchend** (12). Ihr Blick fällt zurück auf die Insel, auf der sie sich gegen ihren Willen in **ernsten, heil'gen Sklavenbanden** (34) befindet. Sie gesteht, der Göttin Diana nur mit **stillem Widerwillen** (36) zu dienen um sich sogleich wieder dem Vaterland und dem **göttergleichen Agamemnon** (45) zuzuwenden. Der Eingangsmonolog schließt mit der hyperbolischen Anrufung der Götter sie vor **dem Leben hier, dem zweiten Tode** (53) zu retten.

Die Topographie des Dramas ist denkbar einfach: Alles spielt zwischen dem Hain, dem Meer und Griechenland. Komplexer ist der innere Raum, der mit den geographischen Bestimmungen verbunden ist. Der Hain repräsentiert den religiösen Bereich der Göttin, das Meer verweist auf die Insel Tauris, die von dem König Thoas regiert wird, Griechenland nennt den mythologischen Raum der Vergangenheit, mit dem Iphigenie durch ihre Herkunft verbunden ist. Lassen sich die inneren und äußeren Bindungen der Iphigenie schlüssig an den Personen, der Göttin Diana, dem König Thoas und dem Vater Agamemnon, festmachen, so fällt zugleich die Ambivalenz auf, durch die sich jede der drei Beziehungen auszeichnet.

Von einer unaufgelösten Spannung bestimmt ist vor allem das Verhältnis Iphigenies zur Göttin, die sie zwar vor dem Tode errettet hat, der sie aber doch nur unfreiwillig dient. Als Priesterin der Diana hofft Iphigenie von ihrer Schutzpatronin nichts anderes als von dem ungeliebten Priesteramte erlöst zu werden. Von der gleichen Zwiespältigkeit ist ihre Beziehung zu Thoas betroffen, **ein edler Mann** (33), der sie doch in **Sklavenbanden** (34) hält. Zeichnet sich Iphigenies Verhältnis zu Diana wie zu Thoas durch eine grundlegende Ambivalenz aus, so scheint allein die Heimat Griechenland für sie von allen Zweifeln frei zu sein: Den Sklavenbanden, die sie an die Insel fesseln, stehen die **sanften Banden** (22) der Kindheit gegenüber. Iphigenies Monolog verrät aber, dass auch die Banden, die sie an Griechenland fesseln, nicht von inneren Widersprüchen frei sind.

Iphigenies unfreiwilliger Aufenthalt auf Tauris und ihre Sehnsucht nach der Heimat stellen sie, wie Borchmeyer betont hat, von vornherein in eine **sentimentalische**[29] Ausgangssituation: Im Exil sehnt sie sich nach der Heimat. Der Konflikt zwischen der Insel Tauris und Griechenland in der ersten Szene ist augenfällig. Der räumlich-geographischen Trennung von Tauris und Griechenland, die das Meer veranschaulicht, entspricht die zeitliche Aufteilung von Iphigenies Vorstellungswelt, in der Tauris die Gegenwart repräsentiert, Griechenland aber Vergangenheit und Zukunft umfasst. Der Eingangsmonolog, der Iphigenies Bindung an Griechenland betont, verweist damit zugleich auf einen doppelten Bereich, aus dem die Priesterin der Diana sich zurückziehen möchte: den religiösen der Göttin und den politischen des Königs. Mit Griechenland tritt die Bindung an die mythische Vergangenheit, die durch den Vater Agamemnon repräsentiert wird, zunehmend in den Vordergrund.

Dabei zeigt sich jedoch, dass auch Iphigenies Verhältnis zu Griechenland und dem Vater Agamemnon nicht frei von Widersprüchen ist. Überraschend und in seiner Leidenschaftlichkeit gar nicht selbstverständlich ist Iphigenies Wunsch nach Rückkehr ins Land der Griechen, da ihr Tauris ursprünglich eben als **Schutzort** (440) vor dem Vater diente, nach dem sie sich nun sehnt. Fern allem nostalgischen Heimweh, als deren Ausdruck Iphigenies berühmter Satz immer wieder gedeutet wird, stellt der Eingangsmonolog die Frage, welche Gründe Iphigenie dazu bewegen, ihren von der Göttin erwählten Schutzort Tauris derart vorbehaltlos aufzugeben. Mit anderen Worten: Warum will Iphigenie zu einem Vater zurückkehren, der dazu bereit war, das Leben seiner Tochter zu opfern und dem nur durch die rettende Tat der Göttin Einhalt geboten wurde?

In seiner Unbedingtheit setzt Iphigenies Wunsch nach Heimkehr ins Land der Griechen zweierlei voraus. Unabhängig von aller töricht-töchterlichen Nostalgie behauptet sie mit der auf den ersten Blick naiv anmutenden Anhänglichkeit an den Vater, dass ihre Rettung durch die Göttin unvollständig geblieben sei. Etwas vereinfacht, aber durchaus zutreffend könnte man sagen: gerettet und nach Tauris entführt wurde nur Iphigenies Körper, nicht aber ihre Seele, die weiterhin im Land der Griechen weilt. Die eigentümliche Spaltung von Seele und Körper, die Iphigenies ersten Auftritt bestimmt, hält GOETHE in der Metapher des Schattens (siehe S. 79) fest. Aus dem Tempel tritt Iphigenie in den **Schatten** (1) des Hains, ihr Leben empfindet sie **Gleich einem Schatten um sein eigen Grab** (108): **Selbst gerettet war / Ich nur ein Schatten mir** (88–89). Die Existenz, die Iphigenie auf Tauris führt, verweist zugleich auf den Bereich, mit dem die Metapher des Schattens in der griechischen Mythologie verbunden ist: mit dem Reich des Todes. Die abschließende Hyperbel **von dem Leben hier, dem zweiten Tode** bringt Iphigenies Erfahrung damit prägnant auf den Punkt: Sie gleicht einem Schatten in der Totenwelt, da sie durch die Rettung der Göttin nicht wirklich vom Opfertode erlöst worden ist. Auf den mythologischen Rahmen des Dramas bezogen heißt das: Der Fluch, der Agamemnon dazu brachte, die eigene Tochter zu opfern ist durch die Entführung nach Tauris nicht wirklich überwunden, sondern nur auf unbestimmte Zeit ausgesetzt. Dem Anschein eines bloß ausgesetzten, nicht aber endgültig aufgehobenen Schicksals entspricht auch Iphigenies Zeiterfahrung, die von dem Eindruck der Nutzlosigkeit und dem völligen Mangel an Veränderung beherrscht wird. In den Hain und den Tempel der Göttin tritt sie, **als wenn ich sie zum erstenmal beträte** (5), um schließlich zu erklären: **Doch immer bin ich, wie im ersten fremd.** (9) Iphigenies Exil ist verbunden mit der Erfahrung einer leeren Zeit des Immergleichen, in der nichts geschieht, einer Zeit, die keine Veränderung kennt, sondern unbewegt stillsteht.

Die implizite Kritik an der unvollständig gebliebenen Rettung durch Diana wird ergänzt durch Iphigenies Bereitschaft ihren Vater, und mit ihm den grausamen Reigen der Vorfahren bis hin zu Tantalus, zu entschuldigen. In der sicherlich nichts weniger als unvoreingenommenen Darstellung der Tantalidentochter scheint nicht Agamemnon das Opfer am eigenen Geschlecht vollzogen zu haben, sondern die Götter: **Ja, Tochter Zeus', wenn du den hohen Mann, / Den du, die Tochter fordernd, ängstigtest** (43–44). Nicht die Bereitschaft ihres Vaters zum Opfer des eigenen Kindes hebt Iphigenie hervor, sondern die Angst, die ihm die Götter eingeflößt haben. In Iphigenies Einschätzung sind daher auch nicht die Menschen, sondern die Götter für das Unglück, das sie nach Tauris verschlagen hat, verantwortlich. Der Eingangsmonolog führt damit bereits in das von Rasch als entscheidendes Thema des Dramas erkannte Problem ein, in die Frage, wie sich die Menschen zu dem Willen der Götter verhalten können.[30] Innerhalb der Alternative entweder die Menschen oder die Götter für das Handeln verantwortlich zu machen, scheint Iphigenie eine klare Position zu beziehen: Entschuldigend billigt sie dem Vater zu, der ihr noch immer ein **Muster des vollkommenen Mannes** (403) scheint, von den Göttern zum Opfer versucht worden zu sein.

An diesem Punkt stellt sich allerdings die Frage, warum Iphigenie in der Hoffnung auf eine baldige Rückkehr nach Griechenland dazu bereit ist, den Vater von aller Schuld freizusprechen. Dass Griechenland für sie untrennbar mit dem Vater verbunden ist, ihre Sehnsucht nach dem Vaterland im konkreten Sinne die nach dem eigenen Vater Agamemnon bedeutet, wird in der ersten Szene überdeutlich. Dabei zeigt sich jedoch auch, dass GOETHE die Frage nach der mythischen Vergangenheit der Iphigenie, die sich in ihrem Verhältnis zu Agamemnon ausdrückt, mit der Frage nach der psychologischen Motivation ihres Verhaltens verbindet. Ohne Übertreibung lässt sich Iphigenies Unzufriedenheit an der psychologischen Vaterbindung festmachen. Sie scheint so vollständig von der Erinnerung an Agamemnon beherrscht zu sein, dass eine andere Form des Glücks als an seiner Seite für sie undenkbar ist. Iphigenies verklärtes Vaterbild nimmt damit den im weiteren Verlauf des ersten Aktes verhandelten Konflikt mit Thoas vorweg. In eine Ehe mit dem Skythenkönig kann sie nicht einwilligen, da dies bedeuten würde die Bindung an den Vater endgültig aufzugeben. Trotz der Opferung hält Iphigenie unbeirrt an ihrem Idealbild des Vaters fest. Die einzige Frage, die sie bis in den dritten Akt hinein wirklich bewegt, ist die, ob Agamemnon die Rückkehr nach Griechenland gelungen ist, ob sie dem Vater **zur schönsten Freude seines Alters** (443) auf Tauris bewahrt worden ist. Die rhetorische Frage: **Kann uns zum Vaterland die Fremde werden?** (76), die den ersten Akt leitmotivisch begleitet, findet von vornherein ihre Antwort in der ungebrochenen Identifizierung Iphigenies mit dem Vater. Die kluge Antwort des Arkas, der Priesterin sei **fremd das Vaterland geworden** (77), weist hingegen auf die uneingestandene Ambivalenz hin, die Iphigenies Verhältnis zu Griechenland bestimmt: Obwohl die Heimat sie verstoßen hat, wünscht sie nichs sehnlicher als an den Ursprung des Verhängnisses, das sie bedroht, zurückzukehren.

Zeichnet sich der geographische und der psychologische Raum, den das Drama im ersten Akt entfaltet, durch den schroffen Gegensatz von Tauris und Griechenland aus, so entwickelt sich die dramatische Handlung in der Folge, indem Thoas die Priesterin durch sein Heiratsangebot zur Entscheidung zwingt. Auf die von Thoas eröffnete Perspektive als

Königin auf Tauris ihren von der Göttin gewählten Schutzort endgültig zur Heimat zu erklären reagiert Iphigenie ohne Zögern mit einer entschiedenen Ablehnung und Hinwendung zum griechischen Familienursprung. Konnte sich die Tochter des Agamemnon aber hierher bequem hinter ihrem Priesteramt verstecken, so zwingt die von Thoas geforderte Wiedereinführung des Menschenopfers Iphigenie dazu, aus ihrem Schutzort endgültig herauszutreten um sich den politischen, religiösen und mythischen Gewalten, die um sie versammelt sind, zu stellen.

5.1.2 Opfer und Stellvertretung

Der Eingangsmonolog führte in die unbewegte, zugleich aber von inneren Spannungen bestimmte Situation Iphigenies auf Tauris ein. Der eigentliche dramatische Konflikt, der sich daraufhin entfaltet, wird eingeleitet durch den Versuch des Königs Thoas Iphigenie aus ihrem religiösen Schutzort, dem Tempel der Diana, durch Heirat in den politischen Bereich seiner Herrschaft zu führen. Aus kaum verhohlener Enttäuschung über Iphigenies Weigerung zwingt Thoas sie, das Blutopfer, das sie als Priesterin der Diana zu vollziehen hat, wiedereinzusetzen.

Die Wiedereinführung des Opfers hat in der Rezeptionsgeschichte des Stückes manchen Spott auf sich gezogen. So meinte Grillparzer, dieses sei von vornherein mit dem klassizistischen Geist des Dramas nicht vereinbar gewesen und daher auch kaum ernst gemeint. **Nichts davon zu sagen, daß dieser König Thoas nicht danach aussieht, daß ein neues Menschenopfer irgendwie von ihm zu befürchten stünde.**[31] Unabhängig von allen kritischen Einwänden ist die Bedeutung der Wiedereinführung des Opfers für die Entfaltung des dramatischen Prozesses jedoch kaum zu überschätzen. Denn die Entscheidung des Skythenkönigs die Priesterin durch das Blut neu an ihr Amt zu binden, stellt Iphigenie vor ein Dilemma, das erst zum Ende des Stückes in überzeugender Weise aufgelöst wird. Der Konflikt, dem die Priesterin ausgesetzt ist, beruht auf der Tatsache, dass Iphigenie, die am eigenen Leibe erfahren hat, dass die Götter nach dem Menschenopfer nicht verlangen, sich gezwungen sieht nun selbst Menschenblut zu vergießen. Gegen ihren Willen und, wie sie meint, gegen den Willen der Götter, soll sie das Opfer vollziehen. **Der mißversteht die Himmlischen, der sie / Blutgierig wähnt; er dichtet ihnen nur / Die eigenen grausamen Begierden an.** (523–525) Iphigenies Erklärung, das Blutopfer sei ein bloßer Vorwand, hinter dem sich eigennützige Interessen verbergen, stellt die Frage, wie Thoas seine Entscheidung begründen kann. Ausschlaggebend scheint allein die persönliche Enttäuschung über die Weigerung der Priesterin zu sein ihn zu heiraten. Wie Iphigenie nahe legt, ist die grausame Begierde, die sich hinter dem Opferdienst versteckt, Rache für die Kränkung, die der König durch sie erfahren hat.

Über die konkrete Einbindung in das dramatische Geschehen hinaus knüpft GOETHE mit dem Motiv des Menschenopfers an eines der zentralen Themen der menschlichen Kulturgeschichte an. In religionsgeschichtlicher Hinsicht repräsentiert die Ersetzung des Menschen – durch das Tieropfer einen wesentlichen Schritt in der Geschichte der Kulturentwicklung des Menschen: Im Verzicht auf das Menschenopfer vollzieht der Mensch eine symbolische Stellvertretung, die sein Verhältnis zu den Göttern in Zukunft bestimmt und ihm ein Maß an Freiheit gegenüber den Naturmächten verleiht, das einen ersten Schritt zur Selbstbestimmtheit bedeutet.

GOETHES Darstellung des Opfers erinnert neben der Geschichte des Agamemnon, die der *IPHIGENIE* unmittelbar zugrunde liegt, an die christliche Überlieferung. Das berühmteste und wirkungsmächtigste Beispiel für die Ersetzung des Menschen – durch das Tieropfer gibt die Bibel anhand der drohenden Opferung Isaaks durch seinen Vater Abraham.[32] Im Kontext des Alten Testaments erscheint die Geschichte Abrahams als ein Beispiel für den Menschen seinem Gott gegenüber unbedingten Gehorsam zu üben. Abraham wird von Gott aufgefordert seinen Sohn Isaak auf einem Berge dem Brandopfer zu übergeben. Er gehorcht und schickt sich an das Opfer einzurichten, als ihm ein Engel des Herrn befiehlt seinen Sohn zu verschonen und an dessen Stelle einen Widder zu verbrennen. Für seine Bereitschaft den eigenen Sohn zu opfern wird Abraham mit dem Segen Gottes über sein Geschlecht belohnt.

Der Zusammenhang von Abraham und Agamemnon beruht auf der symbolischen Ersetzung des Menschen durch ein Tieropfer. Wie Isaak durch einen Widder ersetzt wird, so wird an der Stelle von Iphigenie eine Hirschkuh den Göttern auf dem Altar dargebracht. Zwischen der alttestamentarischen und der griechischen Überlieferung bestehen allerdings einige Differenzen. Agamemnons Geschichte verpflichtet sich nicht der Idee göttlicher Gerechtigkeit. Im Gegenteil: Die Notwendigkeit die eigene Tochter hinzurichten entspringt der Grausamkeit der Göttin Diana, die Agamemnon zürnt und einzig aus diesem Grund Iphigenies Leben fordert. Im Unterschied zu Abraham vollzieht Agamemnon das Opfer zudem in der Gewissheit seine eigene Tochter ermordet zu haben. Den Trug der Göttin, die Iphigenie entführt und ihm ein Tier unterschiebt, bemerkt er nicht. Darüber hinaus erwächst Agamemnon aus dem Opfer kein Segen, sondern der Untergang. Der vermeintliche Tod der Tochter und die anschließende Ermordung Agamemnons durch die eigene Frau reiht sich in die Geschichte des Tantalidenfluches ein, der die Blutschuld über die ganze Familie verhängt hat. Die griechische Tradition unterscheidet sich demnach von der christlichen, indem sie Menschen und Götter in ein unauflösbares disharmonisches Verhältnis stellt. An die Stelle des Bundes zwischen Abraham und Gott in der Bibel tritt in der griechischen Überlieferung die Entzweiung von Menschen und Göttern, die im Mythos der Familienschuld von Tantalus bis zu Agamemnon festgehalten wird.

Die Art und Weise, wie GOETHE in der *IPHIGENIE* an die historischen Vorbilder anknüpft, ist ambivalent. Ihm geht es weder darum, in der christlichen Tradition Gott als die Instanz einzusetzen, die über Leben und Tod, über Gut und Böse zu entscheiden hat, noch darum, in Übereinstimmung mit der griechischen Tradition den Menschen der grausamen Strafe der Götter zu überlassen. Wie Rasch hervorgehoben hat, entwickelt er anhand der *IPHIGENIE* vielmehr die Möglichkeit, inwiefern sich der Mensch selbst, unabhängig von transzendentalen Gewalten und **auf rein menschliche Weise ohne Hilfe religiöser Instanzen**[33] vom Opfer lösen kann. Um diese spezifisch menschliche Lösung zu gestalten wird das Menschenopfer im Rahmen der Tragödie wieder eingeführt.

Die Wiedereinführung des Opfers verknüpft damit zwei unterschiedliche Themenkomplexe. Angesichts der Aktualisierung des Opfers durch Thoas steht in der *IPHIGENIE* zum einen die Frage nach den Möglichkeiten der menschlichen Kulturentwicklung in der Spannung zwischen Barbarentum und Menschlichkeit zur Disposition. Darüber hinaus aber stellt das Opfer Iphigenie in eine Kontinuität mit dem Fluchzusammenhang, der über ihrer Familie lastet: Vollzieht sie das Opfer, so lädt sie die gleiche Schuld auf sich, die ihren Urahnen Tantalus wie ihren Vater Agamemnon hat untergehen lassen. **O enthalte vom Blut meine Hände! / Nimmer bringt es Segen und Ruhe** (549–550), ruft sie daher zum Schluss des ersten Aktes.

Die Bedeutung des Opfers besteht demnach in der Verknüpfung der beiden Themenkomplexe, die das Drama insgesamt bestimmen: der Frage nach der persönlichen Schuld der Iphigenie im Zusammenhang mit der mythischen Schuld ihrer Familie und der Frage nach der kulturellen Entwicklung der Menschheit, die sich alternativ zwischen Barbarentum und Menschlichkeit vollzieht. Vor diesem Hintergrund bedeutet die Entscheidung des Thoas einen unmittelbaren Regress in die Barbarei und für Iphigenie analog einen Rückfall in den mythischen Opferzusammenhang, dem sie sich durch die göttliche Rettung entronnen glaubte. Iphigenies Versuch das Opfer auszusetzen, entspricht einem doppelten Gelingen, das nun auch in seiner doppelten Bedeutung bedroht ist: Zum einen stehen die Gebote der Menschlichkeit, die Iphigenie den Skythen durch den Verzicht auf das Menschenopfer vermittelte, auf dem Spiel. Wie Adorno hervorgehoben hat, gehören Iphigenie und Thoas **deutlich historisch bestimmten Stufen der Menschheit an**[34], wobei Thoas eine vorgeschichtliche Stufe der Kultur repräsentiert, die Menschen und Götter durch das Opfer in ein Verhältnis zueinander setzt, während Iphigenie eine spätere und höhere Kulturstufe repräsentiert, die sich durch den Verzicht des Menschenopfers auszeichnet.

Mit dem Rückfall in die Barbarei geht aber die Frage nach einem möglichen Rückfall Iphigenies in die mythische Schuld ihrer Familie einher: Die Wiedereinführung des Opfers bedeutet für sie, ohne dass sie dies bereits wüsste, den Mord am Bruder. Die Verknüpfung von Opferzusammenhang und Familienschuld hat für den Gesamtverlauf des Dramas die entscheidende Bedeutung, dass Iphigenies individuelles Problem, die Befreiung von dem Fluch, der über ihrer Familie lastet, mit dem alle partikularen Interessen übergreifenden Problem der menschlichen Kulturentwicklung zusammenfällt. Iphigenies Sieg am Schluss des Dramas kann nur deshalb zu einem Sieg der Menschlichkeit werden, da ihre eigene Befreiung von der Schuld zugleich eine Befreiung der Menschen vom Opfer ist.

5.1.3 Iphigenie und die Tantaliden

Thoas' Wunsch, Iphigenie zu heiraten, entspricht dem Versuch den religiösen Schutzbereich, in den sie durch die Göttin verwiesen worden ist, durch den der politischen Öffentlichkeit zu ersetzen. Es wäre ihr daher ein Leichtes, das Angebot in Berufung auf ihre Priesterschaft zurückzuweisen. Als jungfräuliche Dienerin der Diana, die den Taurern seit ihrer Ankunft viel Segen gebracht hat, so könnte Iphigenie argumentieren, sei ihr die Ehe schlechterdings untersagt. Erstaunlicheweise aber reagiert sie ganz anders. Nicht durch ihr Priesteramt begründet sie ihre Ablehnung, sondern mit dem Hinweis auf ihre Herkunft. Seltsam unvermittelt gesteht sie Thoas, wie sie auf die Insel gekommen ist. Iphigenie versteckt sich nicht mehr hinter ihrer Priesterschaft, selbstbewusst beruft sie sich auf ihre Geschichte. **Vernimm! Ich bin aus Tantalus' Geschlecht.** (306) Vor Thoas enthüllt sie die gesamte Genealogie ihrer Vorfahren bis zu ihrem Vater Agamemnon, der sie in Aulis opferte.

Sie rissen mich vor den Altar und weihten
Der Göttin dieses Haupt. – Sie war versöhnt:
Sie wollte nicht mein Blut und hüllte rettend
In eine Wolke mich; in diesem Tempel
Erkannt' ich mich zuerst vom Tode wieder. (425–429)

Iphigenies Geständnis besitzt für die Entwicklung des dramatischen Konfliktes eine doppelte Bedeutung. Vordergründig informieren sie und Thoas den Zuschauer über die mythologische Vorgeschichte und unterrichten ihn über den aktuellen Stand der Dinge. Darüber hinaus bedeutet das Geständnis innerhalb der persönlichen Entwicklung der Protagonistin einen ersten Schritt zur Selbstfindung. Das Geständnis zeigt, dass sich Iphigenie weder als Priesterin noch als Königin auf Tauris definiert, sondern als Tochter Agamemnons. Iphigenie stellt sich damit bewusst in eine Kontinuität mit der mythischen Geschichte ihrer Familie, die von Tantalus bis zu ihr selbst reicht. Von den drei Bindungen, die der Eingangsmonolog entfaltete, der religiösen Bindung an die Göttin Diana, der politischen Bindung an den König Thoas und der mythischen Bindung an ihre Familie, setzt sich nun der Mythos, die Geschichte ihrer Herkunft aus dem Geschlecht der Tantaliden, durch. Durch das Geständnis betont Iphigenie, dass der Prozess ihrer Selbstfindung an die Auseinandersetzung mit ihrer mythischen Vergangenheit gebunden ist. Und im gleichen Zuge wird deutlich, dass diese Auseinandersetzung nicht von Seiten der Götter, sondern vonseiten des Menschen geführt werden muss. Von Iphigenie erfährt Thoas, dass die Göttin Diana bereits **versöhnt** sei. Iphigenie deutet ihre Errettung durch Diana als ein Zeichen der Götter zu einer umfassenden Versöhnung bereit zu sein; nun muss sie das Ihrige dazutun.

Iphigenies Erzählung von der Geschichte ihrer Vorfahren wirft ein eigentümliches Licht auf das Verhältnis von Menschen und Göttern. Iphigenie ist in einem erstaunlichen Maße dazu bereit, die Tat des Tantalus zu entschuldigen.

> **Götter sollten nicht**
> **Mit Menschen, wie mit ihresgleichen wandeln;**
> **Das sterbliche Geschlecht ist viel zu schwach;**
> **In ungewohnter Höhe nicht zu schwindeln.**
> **Unedel war er nicht und kein Verräter;**
> **Allein zum Knecht zu groß, und zum Gesellen**
> **Des großen Donnrers nur ein Mensch. So war**
> **Auch sein Vergehen menschlich; ihr Gericht**
> **War streng, und Dichter singen: Übermut**
> **Und Untreu stürzten ihn von Jovis Tisch**
> **Zur Schmach des alten Tartarus hinab.** (315–325)

Iphigenies Darstellung zufolge war das Vergehen ihres Urahnen rein **menschlich**, damit aber auch schuldfrei. Die Untat entsprang nicht seinem freien Willen, sondern dem verhängnisvollen Umgang mit den Göttern, die die eigentliche Schuld tragen: daher ihr Hinweis, dass die Götter nicht mit den Menschen wandeln sollten, der an späterer Stelle im

Parzenlied (vgl. Kap. 5.3.3) wiederaufgenommen wird. Iphigenie, die das Bild von Tantalus und Prometheus durch den Verweis auf den **Tartarus,** den Ort, an dem Zeus die besiegten Titanen verbannt hat, ineinander fließen lässt, scheint die Verantwortung für die grausamen Taten der Vergangenheit ganz auf die Seite der Götter zu schieben.

Andererseits aber ist Iphigenie davon überzeugt, die Götter hätten nichts Übles im Sinne, sie seien im Gegenteil auf das Wohl des Menschen aus.

Denn die Unsterblichen lieben der Menschen
Weit verbreitete gute Geschlechter;
Und sie fristen das flüchtige Leben
Gerne dem Sterblichen, wollen ihm gerne
Ihres eigenen, ewigen Himmels
Mitgenießendes, fröhliches Anschaun
Eine Weile gönnen und lassen. (554–560)

In diesen lyrischen Worten drückt sich ein fast naives Vertrauen in die Güte der Götter aus, das zu den vorherigen Vorwürfen, die Sterblichen sollten den Umgang mit den Göttern meiden, nicht recht zu passen scheint.

Der Widerspruch innerhalb der Einschätzung der Götter lässt sich allerdings auflösen, wenn berücksichtigt wird, dass sich Iphigenie auf zwei unterschiedliche geschichtliche Epochen bezieht (vgl. Kap. 5.7.4). Ihre Kennzeichnung der Götter richtet sich zunächst auf den Ursprung des Mythos, auf die Zeit, in der Tantalus seine Untat begangen hat. Der mythische Ursprung zeichnet sich dabei zum einen durch das Verbrechen der Menschen gegen die Götter, zum anderen durch die Strafe der Götter über den Menschen aus. Die von Iphigenie selbst erlebte Gegenwart dagegen ist anders strukturiert: Angesichts eines erneuten Familienopfers schreitet die Göttin Diana rettend ein: **Entzog die Göttin nicht mich selbst dem Priester?** (526). Schwankt Iphigenies Verhältnis zu den Göttern zwischen stummem Vorwurf und schlichtem Vertrauen, so beweist ihre eigene Erfahrung im Widerspruch zu der Überlieferung die Güte der Götter. Iphigenies scheinbar widerspruchsvolles Verhältnis zu den Göttern erlaubt es damit, das zentrale Thema des Dramas, das Verhältnis von Menschen und Göttern, geschichtlich zu differenzieren. Während die Vergangenheit durch Gewalt und Grausamkeit sowohl vonseiten der Menschen als auch vonseiten der Götter geprägt ist, zeichnet sich die Gegenwart durch eine Bereitschaft der Götter zur Versöhnung aus, die nun vom Menschen vollzogen werden muss. Wie Iphigenie im Unterschied zu Agamemnon und Thoas weiß, ist die Zeit der Menschenopfer und der Bestrafung der Menschen durch die Götter vorbei. Am Horizont einer neuen, von Schuld und Vergeltung freien Zeit steht die Versöhnung von Menschen und Göttern, die Iphigenie durch die Entsühnung der Familienschuld stellvertretend realisieren wird.

Dem neuen Einverständnis von Menschen und Göttern entspricht in der *Iphigenie* die Instanz des Herzens als Zeichen einer subjektiven Vermittlung des Göttlichen im Menschen. Als Ausdruck einer Subjektivierung der Götter, die in letzter Konsequenz Iphigenie selbst zur Göttin werden lässt, hatte bereits Hegel die *Iphigenie* interpretiert. **Bei Goethe dagegen wird Iphigenie zur Göttin und vertraut der Wahrheit in ihr selbst, in des Menschen Brust.**[35] Ohne die Frage entscheiden zu wollen, ob Iphigenies Verinnerlichung der Wahrheit sie wirklich zur Göttin werden lässt, wie Hegel meint, lässt sich feststellen, dass dem Vertrauen in die Götter die Instanz des Herzens entspricht, auf die sich Iphigenie Thoas gegenüber in emphatischer Weise beruft.

> **Thoas:** Es spricht kein Gott; es spricht dein eignes Herz.
> **Iphigenie:** Sie reden nur durch unser Herz zu uns.
> **Thoas:** Und hab *ich*, sie zu hören, nicht das Recht?
> **Iphigenie:** Es überbraust der Sturm die zarte Stimme. (493–396)

Iphigenie führt das **Herz** (siehe S. 80 f.) als die entscheidende Vermittlungsinstanz zwischen Menschen und Göttern ein: Durch das Herz reden die Götter zu den Menschen, wer sie, wie Thoas, nicht vernimmt, lässt sich von dem **Sturm** der eigenen Leidenschaft überwältigen. Iphigenie verlegt das Problem der Wahrheit damit ganz in den Bereich des Gefühls: Über Wahrheit und Irrtum entscheidet nicht, wie in den philosophischen Theorien der Aufklärung, die Vernunft, sondern das den Göttern entweder geöffnete oder verschlossene Herz, das als Metapher der inneren Stimme des Menschen zum einzigen Kriterium des Guten wird: Die Möglichkeit der Täuschung durch die Götter erwägt Iphigenie nicht. Als Zeichen einer idealen Vermittlung zwischen Menschen und Göttern verweist Iphigenies emphatische Berufung auf das Herz damit bereits auf das Thema der Entsühnung, die die jungfräuliche Priesterin der Wahrheit im Rahmen des dramatischen Prozesses vollzieht. Das extreme Gegenbeispiel zu Iphigenies Reinheit des Herzens, die, wie Borchmeyer erklärt hat, **die conditio sine qua non der Entsühnung**[36] sei, gibt ihr Bruder Orest, der die Götter in einer ganz anderen Weise als seine Schwester verinnerlicht: Der Muttermörder erfährt den Fluch der Götter als eine Krankheit des Herzens, die ihn bis an den Rand des Wahnsinns treibt.

5.2 Orest

Im Mittelpunkt des zweiten wie des dritten Aktes steht nicht Iphigenie, sondern ihr Bruder Orest. Mit dem unverhofften Auftritt Orests verwirklicht sich Iphigenies Sehnsucht nach der Heimat auf eine ganz andere Weise, als sie es erhofft hatte. In der Gestalt des Bruders drängen Griechenland und der Mythos der Tantaliden, den Iphigenie Thoas gegenüber bloß erzählend beschworen hatte, in die dramatisch dargestellte Gegenwart. Das Schicksal der Geschwister entscheidet sich nicht in der griechischen Heimat, sondern im taurischen Exil.

5.2.1 Das Bild der Schwester

Mit dem Auftritt von Orest und Pylades im zweiten Akt wird die Geschichte von Iphigenies Exil auf Tauris mit der Frage nach der Befreiung ihres Bruders Orest von der Schuld des Muttermordes verknüpft. In der Forschung ist daher häufig von zwei relativ getrennten Handlungszusammenhängen die Rede, aus denen sich die *Iphigenie* zusammensetze: der Orest- und der Iphigenienhandlung.[37] Dabei wird allerdings vernachlässigt, dass die Schicksale Iphigenies und Orests im Gesamtverlauf des Dramas aufeinander verweisen: Das Problem des Muttermordes und der Rückkehr nach Griechenland erfordert eine übergreifende Lösung, die den Fluchzusammenhang, der die Geschwister bedroht, aufhebt. Symbolisch festgehalten wird die Verbundenheit von Orest und Iphigenie im Motiv des Kultbildes der Göttin, der Iphigenie als Priesterin dient und das Orest nun rauben soll. Der *offizielle* Grund für Orests Reise nach Tauris ist der Auftrag das Kultbild der Diana, der Schwester von Apoll, aus dem Tempel zu rauben und nach Delphi zu bringen. Als Lohn winkt dem von den Erinnyen verfolgten Orest die Erlösung von der Schuld des Muttermordes.

Bringst Du die Schwester zu Apollen hin
Und wohnen beide dann vereint zu Delphi,
[…]
So wird für diese Tat das hohe Paar
Dir gnädig sein, sie werden aus der Hand
Der Unterird'schen dich erretten. (723–727)

Im Kontext der Frage nach dem Verhältnis von Menschen und Göttern weist das Motiv des Bildraubes auf die Parallelität von Göttern und Menschen hin. Der Schutzfunktion, die Diana für Iphigenie einnimmt, entspricht aufseiten Orests der Gott Apoll, der versucht, den Muttermörder von den Rachegöttinnen zu befreien. Orest und Iphigenie wiederholen auf der menschlichen Ebene das Geschwisterverhältnis von

Apoll und Diana, wobei die abschließende Lösung des dramatischen Konflikts zeigt, dass die Erlösung der Tantaliden in einer Form der symbolischen Stellvertretung besteht: An die Stelle der Götter Diana und Apoll treten die Menschen Iphigenie und Orest.

Das Problem, das sich mit dem Auftritt der beiden Freunde im zweiten Akt stellt, ist das, ob Orest von der Schuld des Muttermordes befreit werden kann oder ob er ihr letztlich erliegt. In Bezug auf die Schuldfrage kommt dem Bild der Diana eine stellvertretende Funktion zu. Orests Schicksal hängt davon ab, ob es ihm gelingt, mit dem Bild in die Heimat zurückzukehren. Scheitert er, so wird er von den Erinnyen unerlöst in das Reich der Toten gebracht.

Der erste Auftritt legt nahe, dass die Entscheidung über Orests Schicksal bereits gefallen sei. Die Griechen sind entdeckt und gefangen, sie erwarten den Tod, ohne dass Orest ahnte, dass dieser von der Hand der eigenen Schwester vollzogen werden soll. **Es ist der Weg des Todes, den wir treten: / Mit jedem Schritt wird meine Seele stiller.** (561–562)

Der bevorstehende Tod scheint Orests Schicksal besiegelt zu haben: Der drohende Untergang gibt ihn endgültig den Erinnyen anheim. Orest scheint diese Lösung jedoch bereitwillig zu akzeptieren. Er deutet den bevorstehenden Tod als eine ins Negativ gewendete Erfüllung des göttlichen Auftrags.

> **Und nun erfüllet es sich, daß alle Not**
> **Mit meinem Leben völlig enden soll.**
> **Wie leicht wird's mir, dem eine Götterhand**
> **Das Herz zusammendrückt, den Sinn betäubt,**
> **Dem schönen Licht der Sonne zu entsagen.** (569–573)

Im Unterschied zu seinem Freund Pylades scheint Orest in einer grandiosen Verkehrung den Tod als eine willkommene Erlösung zu begrüßen. Die Frage, warum Orest den Tod bereitwillig akzeptiert, verweist auf das konfliktreiche Verhältnis zu seinem Schutzpatron Apoll: Eine **Götterhand** habe ihm das **Herz** zusammengedrückt, behauptet der Muttermörder, der sich wie seine Schwester auf die Instanz des Herzens beruft um sein Verhältnis zu den Göttern zu akzentuieren. In diesem Zusammenhang fällt auf, dass Orest und sein Freund Pylades ein Götterbild vertreten, das unterschiedlicher nicht sein könnte.

5.2.2 *Orest und Pylades*

Orests Resignation steht im zweiten Akt dem Optimismus von Pylades in augenfälliger Weise entgegen. **Ich denke nicht den Tod; ich sinn und horche, / Ob nicht zu irgend einer frohen Flucht / Die Götter Rat und Wege zubereiten.** (601–603) Im Gegensatz zu Orest vertraut Pylades auf die Götter, die ihm aus der ausweglosen Situation helfen sollen. Trotz der berechtigten Verzweiflung seines Freundes geht er von einer idealen Übereinstimmung von menschlichem und göttlichem Willen aus. **Was ist der Menschen Klugheit, wenn sie nicht / Auf jener Willen droben lauscht?** (742–743) Der Glaube an die Möglichkeit eines Einklangs von menschlichem und göttlichem Willen wird ihm von Orest jedoch zum Vorwurf gemacht. **Mit seltner Kunst fliehst du der Götter Rat / Und deine Wünsche klug in *eins* zusammen.** (740–741) Die beiden Freunde vertreten ein Götterbild, wie es kaum gegensätzlicher sein könnte. Orest wirft seinem Gefährten vor, dieser gestalte das Bild der Götter nach seinen eigenen Wünschen und Hoffnungen. Die Götter, so lässt sich aus Orests Vorwürfen schließen, sind für Pylades nichts anderes als Inkarnationen der Sehnsucht nach einer übergeordneten Instanz, die aus einer Situation, die mit menschlichen Mitteln nicht zu lösen ist, helfen könnte.

Im Vergleich zu seinem Freund vertritt Orest dagegen ein weitaus kritischeres Götterbild. Ihm zufolge sind die Götter nicht nach dem Willen der Menschen gestaltet, sondern umgekehrt ist der Mensch ein hilfloses Opfer des göttlichen Willens. Für das Unglück der Menschen, so Orest, sei allein der Wille der Götter verantwortlich.

Mich haben sie zum Schlächter auserkoren,
Zum Mörder meiner doch verehrten Mutter,
Und, eine Schandtat schändlich rächend, mich
durch ihren Wink zugrund gerichtet. (707–710)

Orest klagt die Götter einer doppelten Schuld an. Zum einen seien sie für den Mord an seiner Mutter verantwortlich, während er selbst nur ausführendes Organ war, und zum anderen tragen sie die Schuld an dem bevorstehenden Untergang der beiden Freunde, die sie mutwillig in eine Falle gelockt haben. Im Unterschied zu Pylades kommt Orest daher zu einem vernichtenden Urteil. **So ist's ihr Wille, der uns verderbt.** (720) Auf den ersten Blick vertreten Pylades und Orest damit zwei diametral entgegengesetzte Götterbilder: Während Pylades auf den Rat der Götter vertraut, macht Orest diesen für sein aktuelles Unglück verantwortlich. In ihrer Gegensätzlichkeit schließen sich die Positionen der beiden Freunde gleichwohl nicht aus. Denn der Vorwurf, den Orest an Pylades richtet, dass dieser die Götter nach seinen eigenen

Wünschen gestalte, lässt sich auch auf Orest beziehen: In der verzweifelten Situation, in der er sich befindet, wälzt er alle Schuld und Verantwortung auf die Götter, von denen er zuvor die Erlösung erhofft hatte. Der Konflikt, den Orest mit seinem Schutzgott Apoll austrägt, wird noch überboten durch die Präsenz der Erinnyen, die den Muttermörder verfolgen und beständig an die Schuld erinnern, die er vor ihnen zu verantworten hat.

5.2.3 *Orest und die Furien*

In der Rezeptionsgeschichte des Stücks hat die Figur des Orest immer wieder Fragen aufgeworfen. So wollte Schiller in Orest den eigentlichen Schwachpunkt des Dramas erkennen.

> **Orest selbst ist das Bedenklichste im Ganzen; ohne Furien ist kein Orest, und jetzt da die Ursache seines Zustandes nicht in die Sinne fällt, da sie bloß im Gemüth ist, so ist sein Zustand eine zu lange und zu einförmige Qual, ohne Gegenstand; hier ist eine von den Grenzen des alten und neuen Trauerspiels.**[38]

Schillers Kritik bezieht sich auf den spezifisch modernen Charakter von Goethes Tragödie. Was dieser im Unterschied zum griechischen Vorbild fehle, sei die physische Anwesenheit der Erinnyen auf der Bühne. In Goethes Bearbeitung des Oreststoffes sind die Erinnyen keine handelnden Personen, die auf der Bühne auftreten und agieren, ihre Präsenz beschränkt sich auf die Wahnvorstellungen des Orest.

Schiller benennt mit seiner Kritik zugleich das wesentliche Kennzeichnen innerhalb der Gestaltung der Erinnyen: Diese sind bloß **im Gemüth.** Im Mittelpunkt von Goethes Bearbeitung des griechischen Vorbildes steht die psychische Verinnerlichung der antiken Rachegöttinnen zur modernen Instanz des Gewissens.[39] Wie Adorno festgehalten hat, wird die Frage nach der mythischen Schuld Orests in der griechischen Tragödie von Goethe durch eine psychologische Darstellung des Schuldproblems ersetzt. **Sind, nach Freuds Einsicht, die Mythen Urbilder der Neurosen, so verinnerlicht der Dichter des bürgerlichen Zeitalters den mythischen Fluch zum neurotischen Konflikt.**[40] Die Furien sind in Goethes *Iphigenie* keine naturhaften Mächte mehr wie noch in der griechischen Tragödie, sondern innerpsychische Mächte, die den Muttermörder durch die Erinnerung bedrohen. Borchmeyer erkennt in den **Furien Chiffren der Gewissensqual [...], von der Orests Gemüt bis zum Wahnsinn zerfressen ist.**[41]

Die Umdeutung der Erinnyen zu einer rein innerlich wirkenden psychischen Kraft verdeutlicht Orests Schilderung der Rachegöttinnen.

> **Sie horchen auf, es schaut ihr hohler Blick**
> **Mit der Begier des Adlers um sich her.**

**Sie rühren sich in ihren schwarzen Höhlen,
Und aus den Winkeln schleichen ihre Gefährten,
Der Zweifel und die Reue, leis herbei.** (1057–1061)

GOETHE ergänzt die Erinnyen in einer personifizierend-allegorischen Darstellung um ihre **Gefährten**, den Zweifel und die Reue. Gewissen, Zweifel und Reue sind die psychischen Mächte, die Orest in der Erinnerung an den Muttermord heimsuchen. Im Zentrum seiner Gemütskrankheit steht der Zusammenhang von Gewissen und Erinnerung, der Orest durch die Vermittlung der Erinnyen beständig zum Muttermord zurückführt.

Die unterschiedliche Gemütsverfassung von Pylades und Orest lässt sich an ihrer gegensätzlichen Einstellung zur Erinnerung verdeutlichen. Pylades erkennt in der Anknüpfung an die goldene Zeit der Vergangenheit vor allem einen Ansporn zum gegenwärtigen Handeln. **Uns gebe die Erinnerung schöner Zeit/Zu frischem Heldenlaufe neue Kraft.** (630–631) Im Mittelpunkt von Pylades' Erinnerungen steht die durch den **Mund der Dichter** (684) verewigte Zeit der griechischen Heroen, die dem tatkräftigen Jüngling unsterblichen Ruhm verspricht. **Es klingt so schön, was unsere Väter taten, / Wenn es, in stillen Abendschatten ruhend, / Der Jüngling mit dem Ton der Harfe schlürft.** (685–687) Pylades' idyllische Darstellung der griechischen Heroenzeit nimmt die Vergangenheit als Vorbild für die Zukunft. Die Kontinuität zwischen Vergangenheit und Zukunft, die er sich erhofft, muss angesichts der Situation seines Freundes allerdings erstaunen. Denn Orest hat sich gerade dadurch, dass er an die Taten seiner Väter anknüpft, in den Schuldprozess gestellt, aus dem er nun herausfinden möchte. Zur Ver-gangenheit hat Orest daher ein grundsätzlich anderes Verhältnis als sein Freund. Er kennt sie nicht anders als eine Bedrohung, die es abzuwehren gilt. **Erinnre mich nicht jener schönen Tage,** (643) so sucht er sich Pylades' Aufforderung zu entziehen, der ruhmreichen Vergangenheit der Väter zu gedenken. Die Kontinuität zwischen Vergangenheit und Gegenwart, die Orest bedroht, versinnbildlicht die Metapher des Blutes (siehe S. 77), das den Erinnyen den Weg zum Muttermörder weist.

**Laßt mir so lange Ruh', ihr Unterird'schen,
Die nach dem Blut ihr, das von meinen Tritten
Hernieder träufelnd meinen Pfad bezeichnet,
Wie losgelassene Hunde spürend hetzt.** (581–584)

Für Orest ist die Vergangenheit durch die Präsenz der Erinnyen unlösbar mit der Schuld des Muttermordes verbunden. **Die ewige Betrachtung des Geschehens** (1064) führt ihn immer wieder zu dem Zeitpunkt des Mordes zurück, erschöpft wünscht er sich selbst den Tod.

5.2.4 Orest und die Melancholie des Gewissens

Ergibt sich der spezifisch moderne Charakter von GOETHES *IPHIGENIE* im Vergleich zu dem griechischen Vorbild aus der Verwandlung der mythischen Schuld in die psychologische Frage nach Schuld und Verantwortung, so liegt es nahe, die Figur des Orest insgesamt vor den Hintergrund eines psychologischen Erklärungsmodells zu stellen. In diesem Zusammenhang verweist Orests Gewissensqual auf den Komplex der Melancholie, den Freud in seinem Aufsatz *TRAUER UND MELANCHOLIE* verhandelt hat. Freud beschreibt die Melancholie als einen Extremfall der Trauer. Während ihm Trauer als **Reaktion auf den Verlust einer geliebten Person oder einer an ihre Stelle gerückten Abstraktion wie Vaterland, Freiheit, ein Ideal usw.**[42] gilt, zeichne sich die Melancholie durch eine **Störung des Selbstgefühls**[43], durch **eine außerordentliche Herabsetzung seines Ichgefühls, eine großartige Ichverarmung**[44], aus. Im Unterschied zum Verlust der geliebten Person in der Trauer scheint die Melancholie einen Ichverlust zu beinhalten, den Freud in einen Zusammenhang mit dem Problem des Narzissmus stellt. Gilt im Narzissmus die Liebe zum Objekt eigentlich dem eigenen Ich, so verwendet in der gleichen Weise das Ich in der Melancholie die Energie, die es in der Vergangenheit für ein Liebesobjekt aufgebracht hatte, auf sich selbst. Als Konsequenz der narzisstischen Identifizierung mit dem verlorenen Liebesobjekt beurteilt der Melancholiker sein eigenes Selbst wie das einstige Liebesobjekt, dessen Verlust in unaufhörlichen Selbstvorwürfen beklagt wird. Im Mittelpunkt der Melancholie, die Freud als eine narzisstische Neurose bezeichnet, steht demzufolge ein Konflikt zwischen dem Ich und dem Über-Ich, der Instanz des Gewissens, die den Melancholiker zu einer beständigen Abwertung des Selbst zwingt.

Unabhängig von der Frage, ob man die komplexen Voraussetzungen der Psychoanalyse teilen will, bietet Freuds Modell der Melancholie eine plausible Interpretationsgrundlage für den Konflikt, in dem Orest in der *IPHIGENIE* steht. So ist bereits deutlich geworden, dass die Erinnyen in Übereinstimmung mit Freuds Instanz des Über-Ichs die innere Stimme des Gewissens repräsentieren, die Orest durch beständige Selbstvorwürfe quält. Darüber hinaus aber erlaubt es Freuds Theorie der Melancholie, das Problem des Zusammenhangs zwischen der Schuld, die Orest auf sich geladen hat, und der Anklage der Götter, die er für seine Tat verantwortlich macht, zu klären. Freud begreift die Melancholie als einen Extremfall der Trauer, die aus dem Verlust eines geliebten Objektes resultiert, diesen Verlust jedoch ins eigene Ich überträgt. Im Zusammenhang mit dem Tod seiner Mutter wäre die natürliche Reaktion

Orests sicherlich die Trauer um den Verlust der einstmals geliebten Person. Gerade die Trauer um den Verlust der Mutter ist Orest aber unmöglich, da er selbst für ihren Tod verantwortlich ist. Die Selbstvorwürfe, durch die sich die Melancholiker im Unterschied zum Trauernden auszeichnet, haben im Falle Orests ihre volle Berechtigung: Er selbst trägt die Schuld für den Tod Klytaimnestras. Die Selbstvorwürfe, die Orest sich bis hin zu dem Wunsch nach Auslöschung des eigenen Ichs im Tode macht, verweisen damit aber zugleich auf das Problem des Narzissmus, in dessen Zusammenhang Freud seine Pathologie der Melancholie gestellt hatte. Denn indem Orest sich selbst als unschuldiges Opfer der Götter darstellt, gelingt ihm die Identifizierung mit der Mutter, die für die Herabsetzung seines Ichgefühls verantwortlich ist. Die Tendenz zu einer verborgenen Identifizierung mit der Mutter verdeutlichen die Erinnyen, die den Geist der Mutter inkarnieren, der Orest heimholt. **Du mehrst das Übel / Und nimmst das Amt der Furien auf dich** (756–757), wirft Pylades seinem Freund nicht ohne Einsicht in dessen zerrüttete Gemütsverfassung vor. Durch die Identifizierung mit dem Geist der Mutter wird Orest selbst zu einer der Furien, die von ihm Selbstbestrafung fordert. In einer grandiosen Verkehrung des Selbstgefühls überantwortet Orest sich einem Prozess der Selbstzerstörung, den GOETHE in eindringlichen Worten festhält:

Es stürze mein entseelter Leib vom Fels,
Es rauche bis zum Meer hinab mein Blut
Und bringe Fluch dem Ufer der Barbaren! (1089–1091)

Die Macht der Erinnyen, die als Verkörperungen der Mutter Orests Erinnerung bedecken, erstreckt sich dabei auch auf die Begegnung mit der Schwester. Iphigenie scheint für Orest ein Teil der Mächte zu sein, die seinen Untergang fordern. Die Identifizierung mit der Mutter lässt nicht nur den Mörder selbst, sondern auch seine Schwester zur Furie werden. **O laß dein Fragen und geselle dich / Nicht auch zu den Erinnyen** (1148–1149), bittet er die Schwester: **Es ruft! Es ruft! So willst Du mein Verderben? / Verbirgt in dir sich eine Rachegöttin?** (1168–1169). Orest muss Iphigenie als Erinnye erscheinen, da die Tochter der Klytaimnestra ihn zwangsläufig mit der Vergangenheit konfrontiert, der er sich zu entziehen versucht. Der Auftritt Iphigenies zeichnet jedoch zugleich den Weg der Heilung vor. Durch die Anwesenheit der verloren geglaubten Schwester ergibt sich für Orest die Möglichkeit einer neuen, von Schuld freien Liebesbindung, die der melancholischen Selbstverzweiflung ein Ende setzt.

5.2.5 Schuld und Sühne: Wiedererkennung in Tantalo

Der Höhepunkt des dritten Aktes ist die Wiedererkennungsszene zwischen Orest und Iphigenie, die Goethe in Übereinstimmung mit der antiken Lehre der Tragödie bei Aristoteles gestaltet hat. Im Unterschied zu seinem Freund Pylades begegnet Orest der unbekannten Priesterin, die ihn über das Schicksal Agamemnons ausfragt, mit erstaunlicher Offenheit. Er offenbart Iphigenie seine Identität und verbindet sein Geständnis zugleich mit dem Wunsch zu sterben. **Ich bin Orest! und dieses schuld'ge Haupt / Senkt nach der Grube sich und sucht den Tod; / In jeglicher Gestalt sei er willkommen!** (1082–1084) Von der Erklärung Orests überwältigt erklärt sich auch Iphigenie dem Bruder in schlichten Worten. **Orest, ich bin's! Sieh Iphigenien!** (1173)

Angesichts der dramatischen Gestaltung der Wiedererkennung hat Henkel darauf hingewiesen, dass es sich bei der ersten Begegnung der Geschwister um **keine freudige, sondern sozusagen eine in Tantalo**[45] handele: Sie werde überschattet von Orests Verzweiflung, die durch die Gegenwart der Schwester in keinster Weise eingeschränkt wird. Im Gegenteil: Während Iphigenie der göttlichen Gnade dankt, die ihr den Bruder zurückgegeben habe (vgl. 1094 f.), erkennt Orest in seiner Schwester die Vollstreckerin seines grausamen Schicksals. **Der Brudermord ist hergebrachte Sitte / Des alten Stammes.** (1229–1230) Zugleich fordert er in Versen, von denen Adorno meint, dass sie **genügten, allen trivialen Anschauungen von Goethes Klassizismus ein für allemal den Boden zu entziehen**[46], Iphigenie dazu auf, mit ihm gemeinsam unterzugehen.

> **Und laß dir raten, habe**
> **Die Sonne nicht zu lieb und nicht die Sterne;**
> **Komm, folge mir ins dunkle Reich hinab!** (1232–1234)

In Tantalo erfolgt das Wiedererkennen der Geschwister, insofern Orest die Begegnung mit Iphigenie ganz unter den Schatten des Hades stellt: In Übersteigerung seines eigenen Schicksals will er die Schwester mit in den Tod ziehen.

Mit der Wiedererkennung stellt sich zugleich die Frage nach dem möglichen Fortgang der dramatischen Entwicklung. Die griechische Tradition der Tragödie seit der Aristotelischen *Poetik*, der Goethe in dieser Hinsicht treu bleibt, hat ein ideales Zusammenfallen von dem subjektiven Akt des Wiedererkennens mit der Peripetie gefordert, die den objektiven Handlungsverlauf bestimmt.

Die Wiedererkennung ist, wie schon die Bezeichnung andeutet, ein Umschlag von Unkenntnis in Kenntnis, mit der Folge, daß Freundschaft oder Feindschaft eintritt, je nachdem die Beteiligten zu Glück oder zu Unglück bestimmt sind. Am besten ist die Wiedererkennung, wenn sie zugleich mit der Peripetie eintritt.[47]

Im Idealfall der Tragödie, so ARISTOTELES, fällt die Peripetie, der Umschlag der Handlung vom Glück ins Unglück oder vom Unglück ins Glück, mit dem Wiedererkennen, dem **Umschlag von Kenntnis und Unkenntnis** zusammen. Im Falle von Orest und Iphigenie hat das Wiedererkennen eine jeweils unterschiedliche Bedeutung. Iphigenie erfährt nicht nur von der Identität ihres Bruders, sondern auch, dass Agamemnon dem Fluch der Tantaliden zum Opfer gefallen ist und die anfängliche Hoffnung auf Rückkehr zum Vater illusorisch war. Orest hingegen erkennt in umgekehrter Weise, dass die tot geglaubte Schwester noch am Leben ist. Vor dem Hintergrund dieser komplexen Konstruktion, die den Tod Agamemnons und das Leben Iphigenies chiastisch aufeinander bezieht, überrascht die unterschiedliche Reaktion der Geschwister. Die Verzweiflung, die Orest angesichts der Tatsache offenbart, dass sich hinter der Priesterin Iphigenie verbirgt, wäre eigentlich der Schwester angemessen, die nun vom Tode ihres Vaters erfährt, während die Freude, die Iphigenie über die Begegnung mit dem Bruder zeigt, besser Orest anstünde, der entgegen aller Erwartungen erfährt, dass seine Schwester lebt.

In ihrer Gegenläufigkeit drücken die Reaktionen Orests und Iphigenies auf das wechselseitige Wiedererkennen jedoch zugleich die Verbundenheit der Geschwister aus, die Iphigenie ausdrücklich hervorhebt. **Mein Schicksal ist an deines fest gebunden.** (1122) Die Metapher des Bandes, die die Tragödie insgesamt leitmotivisch durchzieht um den Zusammenhang zwischen den Tantaliden und dem Fluch der Götter über ihr Geschlecht auszudrücken (siehe S. 75 f.), wird von Iphigenie aufgenommen um zu verdeutlichen, dass die dramatische Zusammenführung der Geschwister in der Fremde eine gemeinsame Lösung ihrer Probleme erfordert. **In Tantalo** erfolgt das Wiedererkennen auch, da Iphigenie sich bewusst ist, dass eine Versöhnung, die nicht partikular bleiben will, nur in der allgemeinen Auseinandersetzung mit dem Fluch der Tantaliden möglich ist. Orest und Iphigenie beziehen das Wiedererkennen demnach beide auf die Geschichte der Tantaliden, deuten den Zusammenhang jedoch unterschiedlich. Für Orest steht die Kontinuität zwischen der Schuld der Vergangenheit und der gegenwärtigen Situation im Vordergrund, Iphigenie hingegen erkennt in dem Wiederfinden des Bruders einen ersten Schritt zur erhofften Versöhnung der Familie. In diesem Kontext vertreten die beiden Geschwister beispielhaft die unterschiedlichen Möglichkeiten, die ARISTOTELES dem tragischen Umschlag zugeordnet hatte: **Freundschaft oder Feindschaft** trete ein, je nachdem, ob die Beteiligten **zu Glück oder zu Unglück** bestimmt seien. Der Wiedererkennungsszene kommt innerhalb der dramatischen Entwicklung der *IPHIGENIE* demnach eine entscheidende Funktion zu, insofern sich durch die Zusammenführung der Geschwister die Frage nach der künftigen Entwicklung des Geschehens zwischen Unglück und Glück, zwischen Orests Schuldverfallenheit und Iphigenies Bereitschaft zur Entsühnung stellt. Ein erster Schritt zur Versöhnung wird durch die Heilung Orests eingeleitet.

5.2.6 *Die Heilung des Orest*

Markiert das Aufeinandertreffen der Geschwister einen ersten Höhepunkt in der dramatischen Entwicklung, so bringt die Heilung des Orest zugleich einen ersten Abschluss. Wie Rasch betont, stelle die Geschichte der Befreiung Orests vom Wahnsinn die Interpretation jedoch vor einige Schwierigkeiten, da GOETHE **die Heilung Orests durch die Schwester nicht dargestellt**[48] hat. Obwohl die Frage, auf welche Art und Weise Orest von den Erinnyen befreit wird, von zentraler Bedeutung für die Deutung der Tragödie ist, markiert die Szene seiner Heilung eine Leerstelle im Drama: Orest fällt in einen tiefen Schlaf und wacht genesen wieder auf. Darüber hinaus liegt nach Borchmeyer insgesamt ein **konzeptioneller Widerspruch des Dramas**[49] vor, da Orest bereits am Ende des dritten Aktes von Schuld und Wahnsinn geheilt ist, während der Handlungsverlauf es eigentlich erforderte, die Versöhnung an den Schluss zu verlegen.

Die Tatsache, dass Orests Befreiung von Goethe nicht explizit dargestellt wurde, verweist für die Interpretation auf die Szenen, die dem Heilschlaf unmittelbar folgen: ***aus seiner Betäubung erwachend und sich aufrichtend,*** wie die Regieanweisung angibt, entfaltet sich vor dem inneren Auge Orestes ein Bild der Versöhnung, das den ganzen Reigen der Vorfahren umfasst. **Wir sind hier alle der Feindschaft los** (1288), mit diesen Worten kommentiert Orest seine Friedensversion. Die Utopie einer umfassenden Versöhnung der Tantaliden scheitert jedoch am Urahnen des Fluches, an Tantalus selbst.

> **O führt zum Alten, zum Ahnherrn mich!**
> [...]
> **Ihr scheint zu zaudern, euch wegzuwenden?**
> **Was ist es? Leidet der Göttergleiche?**
> **Weh mir! es haben die Übermächt'gen**
> **Der Heldenbrust grausame Qualen**
> **Mit ehrnen Ketten fest aufgeschmiedet.** (1301–1309)

Orests Utopie von einer friedlichen Versöhnung der Familie steht mit Tantalus der Ursprung der Schuld entgegen. An Tantalus, der im Unterschied zu seinen Nachfahren in direktem Konflikt mit den Göttern steht, zeigen sich damit die Grenzen der Versöhnung. Der ursprüngliche Schuldzusammenhang, der auf den titanischen Kampf zwischen der **Heldenbrust** und den **Übermächt'gen** Göttern verweist, kann von Orest nicht gelöst werden, wohl aber kann er selbst von seinen Schuldvorstellungen geheilt werden.

Vor dem Hintergrund des Scheiterns Orests sich im Rückgang auf den Ursprung des Schuldzusammenhanges vom Fluch zu befreien ruft Iphigenie die Göttin Diana um Hilfe: **So lös ihn von den Banden jenes Fluchs** (1330). Iphigenies priesterliches Bemühen um den Bruder wird durch den pragmatischen Rat des Pylades ergänzt, der auf die drängende Frage der bevorstehenden Rückkehr hinweist. Unvermittelt wandelt sich daraufhin Orests Gemütszustand. **Laß mich zum erstenmal mit freiem Herzen / In deinen Armen reine Freude haben!** (1341–1342) Geheilt verkündet Orest die Befreiung von den Erinnyen.

Es löset sich der Fluch, mir sagt's das Herz.
Die Eumeniden ziehen, ich höre sie,
Zum Tartarus und schlagen hinter sich
Die ehern Tore fernabdonnernd zu. (1358–1361)

Dass sich der Fluch wirklich gelöst hat, hält die veränderte Benennung der Rachegöttinnen fest. In Anknüpfung an die *Orestie* des Aischylos ist zum ersten Mal nicht von den Erinnyen die Rede, sondern von den **Eumeniden, den Wohlmeinenden.** Die Rachegötter verwandeln sich in Schutzgötter, Orests Verzweiflung weicht einer neuen Lebensfreude, die er vor allem der heilenden Gegenwart der Schwester zu verdanken scheint.

Die Tatsache, dass der Heilungsprozess nicht selbst zur Darstellung kommt, verweist in diesem Zusammenhang wiederum auf den spezifisch modernen Charakter von Goethes Tragödie. Im Unterschied zur *Orestie* des Aischylos, in der Orest vor ein offizielles Schiedsgericht gestellt wird, das den Muttermörder freispricht und vor der Verfolgung durch die Erinnyen schützt, tritt in Goethes *Iphigenie* ein innerpsychischer Heilungsprozess, der Orest von seinen Wahnvorstellungen befreit. Von zentraler Bedeutung ist abermals die Metapher des Herzens als Zeichen der inneren Befreiung. Dass sich der Fluch gelöst hat, verkündet Orest **das Herz,** woraufhin er seiner Schwester das erste Mal mit **freiem Herzen** begegnet. Hatte Orest anfangs noch behauptet, eine Götterhand drücke ihm das Herz zusammen, so erscheint die Befreiung von der Schuld durch die Vermittlung des Herzens nun als ein rein innerlicher Heilungsprozess, der den Muttermörder von der Gewissensqual erlöst.

Henkel hat in diesem Zusammenhang darauf hingewiesen, dass die Erlösung des Orest mit einer Veränderung der metaphorischen Ebene des Textes zusammenhängt. Die Bildwelt des Feuers, die Orests Fantasie bis dahin bestimmt hatte (siehe S. 78 f.), ersetzt Iphigenies Heilsamkeit durch die **positiven Metaphern des Flüssigen,** [...] **Lindernden, Spendenden, Löschenden**[50]. Orests neue Lebensfreude entspricht dem **lang erflehten Regen,** der nun [m]**it Donnerstimmen und mit Windesbrausen / In wilden Strömen auf die Erde schüttet** (1345–1347). Die Metaphorik des erlösenden Regens, die der Natur entlehnt ist, lässt Orests Heilung entsprechend als einen vollkommen natürlichen Prozess erscheinen. Die lindernde Kraft der Natur wird noch unterstrichen durch die Metapher des Schlafes, der den Heilungsprozess der expliziten Darstellung entzieht. Schlaf und Regen verweisen Orests Genesung auf die Heilkraft der Natur, die den Muttermörder von der Schuld erlöst.

Mit der Heilung des Orest ist der dramatische Konflikt, der die *Iphigenie* bestimmt, allerdings noch nicht gelöst. Im Gegenteil, im Vergleich zum ersten Akt hat sich die Situation verschärft: Durch die Wiedererkennung sieht sich Iphigenie vor das Problem gestellt, dass sie ihren eigenen Bruder den Göttern opfern soll. Über den inneren Heilungsprozess des Orest hinaus verlangt die Tragödie demnach nach einer umfassenderen Lösung, die der subjektiven Erlösung Orests eine objektive Versöhnung hinzufügt.

5.3 Wahrheit und Menschlichkeit

Analog zum zweiten wird der vierte Akt des Dramas von Pylades und Arkas beherrscht. Im Blick auf die Versöhnung, die im fünften Akt durch Orest und Iphigenie erreicht wird, erscheint der gesamte vierte Akt als ein retardierendes Moment. Pylades' Versuch, die Griechen durch bewusste Täuschung der Skythen zu befreien, erweist sich als ein Irrweg, dem der Prozess der Wahrheitsfindung im fünften Akt dialektisch entgegengesetzt ist.

5.3.1 Pylades und die Kunst der Überredung

Im Unterschied zum dritten Akt, der ganz der Geschwisterproblematik gewidmet ist, wird der vierte Akt vor allem von der Figur des Pylades bestimmt. Im Blick auf die Gesamtentwicklung des Dramas erscheint Pylades als Träger des Irrtums. Wie die Folge zeigt, bringt der Weg, den er einschlägt, keine befriedigende Lösung. Indem sich der gesamte vierte Akt einer grundlegenden Täuschung verpflichtet, erscheint die abschließende Versöhnung Henkel zufolge zugleich als eine Form der Wahrheit, die in dialektischer Form durch den Irrtum hindurchgegangen ist: **Wahrheit bedarf des Irrtums, um zu erscheinen. Das heißt: die Wahrheit selbst ist dramatisch – sie wird in einem Prozeß erkannt.**[51]

Die Lösung, die Pylades ganz im Sinne der *Iphigenie* des Euripides vorschlägt, ist auf den ersten Blick denkbar einfach: Iphigenie täuscht die Skythen, indem sie vorgibt, das Bild der Göttin Diana am Meeresufer zu weihen um Pylades und Orest den Raub des Bildes zu ermöglichen. In Erfüllung des göttlichen Auftrags kehren Iphigenie und Orest versöhnt in die Heimat zurück.

Iphigenie begegnet dem Plan des Pylades jedoch von Beginn an mit innerem Widerwillen. In ihren Augen erscheint Pylades als ein Verführungskünstler, der **kluges Wort mir in den Mund / Gegeben, mich gelehrt, was ich dem König / Antworte** (1398–1400). Iphigenie stellt sich damit als ein bloßes Sprachrohr des Pylades dar. Im Unterschied zur Tragödie des Euripides hat nicht sie selbst die List ersonnen, sondern die Männer. Iphigenies Hinweis auf die **klugen Worte** des Pylades beinhaltet in diesem Zusammenhang einen Vorwurf. Die Klugheit des Griechen, die nicht zufällig auf sein Vorbild Odysseus verweist, besteht in einer rhetorischen List, der sich die Priesterin zunächst hilflos überantwortet sieht. **Ach! ich sehe wohl, / Ich muß mich leiten lassen wie ein Kind.** (1401–1402) Iphigenie betont damit, dass sie am Entscheidungsprozess nicht wirklich beteiligt ist. Ohne eigenen Anteil an der Entscheidung richtet sie sich ganz nach den Männern, denen das Handeln vorbehalten zu sein scheint.

Die Kunst des Pylades verweist Goethes Darstellung in den Bereich der antiken Rhetorik. In der Metaphorik des Textes erscheint Iphigene als eine unschuldige Blume, die sich nach den Strahlen der Sonne – dem tatkräftigen männlichen Verstand – richtet. **Vernehm ich dich, so wendet sich, o Teurer, / Wie sich die Blume nach der Sonne wendet, / Die Seele, von dem Strahle deiner Worte Getroffen, sich dem süßen Troste nach.** (1619–1622) Süßer Trost scheint von den Worten des Pylades auszugehen. Dabei offenbart der natürlich-unschuldige Geist der Iphigenie, dass die süßen Worte des Pylades auf seiner Überredungskunst basieren, deren Grund nicht im Wissen, sondern in der Meinung liegt. **Fast überedest du mich zu deiner Meinung.** (1665) Der Überredung und Meinung, die Pylades in die Tradition der antiken Rhetorik verweisen, setzt Iphigenie in emphatischer Weise den inneren Zusammenhang von Überzeugung und Wahrheit entgegen. In der entschiedenen Ablehnung der rehtorischen Kniffe des Griechen verpflichtet sich Iphigenie der reinen und lauteren Stimme der Wahrheit.

5.3.2 Iphigenie und die Stimme der Wahrheit

Vor dem Hintergrund der rhetorischen Kunst des Pylades erscheint die Position Iphigenies als eine zuerst zögernde, dann entschiedene Absage an die Täuschung zugunsten der Wahrheit. Im Unterschied zur List des Pylades beruft sich die Priesterin in Übereinstimmung mit den Idealen der Aufklärung auf den inneren Zusammenhang von Wahrheit und Freiheit. **O weh der Lüge! Sie befreiet nicht, / Wie jedes andre wahrgesprochne Wort, / Die Brust.** (1405–1407) GOETHES Drama hebt sich damit eindeutig gegen das antike Vorbild ab, dem der Betrug der barbarischen Skythen durch die listigen Griechen keine großen Rechtfertigkeitsprobleme bereitete. Mit der *IPHIGENIE* verpflichtet sich GOETHE einem modernen Pathos der Wahrheit, der der Tragödie des Euripides völlig unbekannt ist, sich dafür aber in der Tradition der Aufklärung des 18. Jahrhunderts einschreibt.

Die Tatsache, dass GOETHES Drama den Idealen der Aufklärung verpflichtet ist, hat die Interpretation von Rasch herausgearbeitet. Im Zentrum der *IPHIGENIE*, so Rasch, stehe das Problem der menschlichen Autonomie im Verhältnis zu den Göttern.[52] Die Idee einer freien Selbstbestimmung des menschlichen Willens, wie sie Iphigenie in paradigmatischer Weise vertritt, wäre ohne das Gedankengut der Aufklärung und insbesondere ohne die Philosophie Kants (vgl. Kap. 5.7.2) undenkbar. Die Verwirklichung der Selbstbestimmtheit des Menschen in Übereinstimmung mit den Idealen der Wahrheit und der Freiheit, die das Menschenbild der Aufklärung bestimmen, lässt die *IPHIGENIE* zugleich als das Drama erscheinen, das in stellvertretender Weise die Epoche des Klassischen begründet. Im Mittelpunkt der GOETHESCHEN Klassik steht die Autonomie und Freiheit des Menschen, so lassen sich die Vorgaben zusammenfassen, die die Interpretation der *IPHIGENIE* im Geiste der Aufklärung rechtfertigen.

So richtig die Bemerkung von der Übereinstimmung von Philosophie und Literatur durch die Vermittlung durch die Aufklärung auch ist, im Falle der *IPHIGENIE* bedarf sie einer Einschränkung. Iphigenie wird des Guten und Wahren nicht durch die Argumente der Vernunft inne, sondern durch das Gefühl des Herzens. **Ich untersuche nicht, ich fühle nur.** (1650) **Die Sinne trügen nicht, das Urteil trügt**[53], schreibt GOETHE in den *MAXIMEN UND REFLEXIONEN* um die Überlegenheit der Sinnlichkeit vor der Vernunft zu betonen. In diesem Sinne beruft sich Iphigenie nicht wie die philosophische Tradition der Aufklärung auf den Verstand oder die Vernunft, sondern auf die innere Stimme des Herzens um ihren Widerwillen gegen den Plan des Pylades zu begründen. **Allein mein ei-**

gen Herz ist nicht befriedigt. (1648) Indem Goethe das Herz als die Instanz des Guten geltend macht, grenzt er Iphigenies Stimme der Wahrheit nicht nur gegen die Rhetorik des Pylades ab, sondern ebenso gegen die philosophische Aufklärung, die sich im Wesentlichen auf das Vernunftvermögen des Menschen beruft. Nicht die Einsicht der Vernunft treibt Iphigenie zur Entscheidung, sondern die einfühlende Kraft des Herzens. **Um Guts zu tun braucht's keiner Überlegung.** (1989)

Die Metapher des Herzens unterstreicht damit noch einmal den Prozess der Subjektivierung der Wahrheit, der die *Iphigenie* auszeichnet. Iphigenies innere Gewissheit um das Wahre begründet sich in einem emphatischen Sinne als das Handeln eines Menschen, der von der Präsenz des Guten in der eigenen Brust überzeugt ist. Dabei zeigt sich zugleich, dass die Verinnerlichung der Wahrheit nicht im Konflikt mit der Instanz der Götter steht, sondern in Übereinstimmung mit ihnen: Am Bild der Götter in ihrer Seele hält Iphigenie fest.

Ganz im Gegensatz zu der religionskritischen Tradition der Aufklärung verweist Iphigenies Berufung auf das Herz als Zeichen einer unmittelbaren Teilhabe am Guten damit in positiver Weise auf das im *Wilhelm Meister* entwickelte Thema der **Schönen Seele.** Im sechsten Buch des *Wilhelm Meister* führt Goethe die **Bekenntnisse einer Schönen Seele** ein, um unter Berücksichtigung pietistischer Strömungen eine vor allem durch das Gefühl erschlossenen Idee des Göttlichen geltend zu machen, die auch die Gestaltung der Iphigenie auszeichnet.

Die Bedeutung Iphigenies als einer Figur, die in der Verinnerlichung des Göttlichen der **Schönen Seele** vergleichbar wird, hat Schiller hervorgehoben. **Iphigenia hat mich übrigens, da ich sie jetzt wieder las, tief gerührt […]. Seele möchte ich es nennen, was den eigentlichen Vorzug davon ausmacht.**[54] In seinem Aufsatz *Anmut und Würde* hat Schiller darüber hinaus eine Definition der schönen Seele gegeben, die sich ohne Schwierigkeiten auf die Gestalt der Iphigenie übertragen lässt.

Eine schöne Seele nennt man es, wenn sich das sittliche Gefühl aller Empfindungen des Menschen endlich bis zu dem Grad versichert hat, daß es dem Affekt die Leitung des Willens ohne Scheu überlassen darf, und nie in Gefahr steht, mit den Entscheidungen desselben im Widerspruch zu stehen,. Daher sind bei einer schönen Seele die einzelnen Handlungen eigentlich nicht sittlich, sondern der ganze Charakter ist es.[55]

Mit dem Begriff der schönen Seele macht Schiller gegen Kant eine Form der Sittlichkeit geltend, die sich nicht auf die einzelnen Handlungen eines Menschen beschränkt, sondern dessen ganzes Wesen umfasst. Dem Widerspruch von Pflicht und Neigung in Kants Ethik setzt Schiller die Idee einer harmonischen Übereinstimmung von Affekt und Willen entgegen, die von Iphigenie in idealer Weise realisiert wird. Indem sie sich in ihrer Entscheidung nicht auf die Vernunft beruft, sondern auf die innere Stimme des Herzens, macht sie jenen Zusammenhang von Gefühl und Willen geltend, der Schillers Definition der schönen Seele leitet. Nicht aus der Vernunftbeschaffenheit des menschlichen Willens leitet Iphigenie das Gute ab, sondern aus ihrem inneren Gefühl für das Gute. Gerade durch die Affektgebundenheit ihres Handelns entspricht Iphigenie der Schillerschen Idee eines Menschen, der nicht nur sittlich handelt, sondern dessen ganzes Wesen sittlich ist. In GOETHES Drama wird sie daher auch explizit **eine schöne Seele** (1493) genannt. Der Bereich des Herzens verweist Iphigenie somit in der Kritik am rhetorischen Kalkül des Pylades nicht auf die aufklärerische Instanz der Vernunft, sondern auf den Begriff der **Schönen Seele** als Ausdruck einer religiösen Unmittelbarkeit, die von GOETHE retabliert wird. Die Metapher des Herzens unterstreicht damit noch einmal den Prozess der Subjektivierung der Wahrheit, der die *IPHIGENIE* auszeichnet. Iphigenies innere Gewissheit um das Wahre begründet sich in einem emphatischen Sinne als das Handeln eines Menschen, der von der Präsenz des Guten in der eigenen Brust überzeugt ist. Dabei zeigt sich zugleich, dass die Verinnerlichung der Wahrheit nicht im Konflikt mit der Instanz der Götter steht, sondern in Übereinstimmung mit ihnen: am Bild der Götter in ihrer Seele hält Iphigenie fest.

5.3.3 Menschen und Götter: Das Parzenlied

Zwar beruft sich Iphigenie in ihrer Entscheidung, dem Skythenkönig den Betrug zu offenbaren, auf die Autonomie des menschlichen Handelns und auf die Pflicht zur Wahrheit. Sie setzt ihre Selbstbestimmung jedoch nicht gegen die Götter durch, sondern ruft diese in ihrer Gewissensnot um Hilfe an. **Rettet mich. / Und rettet euer Bild in meiner Seele!** (1716– 1717) In Anspielung auf die Botschaft der Genesis, derzufolge der Mensch nach dem Bilde Gottes geschaffen sei, verlegt Iphigenie in einer gewagten Auslegung, die fast die Züge einer Wette annimmt, das Bild der Götter in die eigene Seele. Iphigenie ordnet sich damit den göttlichen Mächten nicht unter, vielmehr sucht sie nach einer Übereinstimmung zwischen dem Göttlichen und dem Menschlichen im Menschen selbst. **Die moderne Iphigenie versteht sich nicht mehr als Kampflatz göttlicher, numinöser Mächte, sondern als ehrfürchtige, dankende Partnerin der Götter,**[56] hebt Henkel hervor. Für Iphigenie repräsentieren die Götter keine äußere Instanz mehr, sie werden zum subjektiven Grund des menschlichen Handelns. Das Bild der Götter in Iphigenies Seele nennt eine subjektive Erfahrung des Göttlichen, die den Menschen in idealer Weise zum Guten bestimmt. In Übereinstimmung mit ihnen das Menschliche zu verwirklichen ist das Ziel, das Iphigenie in paradigmatischer Weise vertritt.

In Vorausdeutung auf das Ende des Dramas verändert Iphigenies Anrufung der Götter zugleich den Symbolgehalt des Bildes (siehe S. 81 f.), dessen Bedeutung sich im bisherigen Verlauf der Tragödie auf das Bild der Göttin Diana beschränkte, das Orest und Pylades aus dem Tempel nach Griechenland entführen sollen. Indem Iphigenie sich nun auf das Bild der Götter in ihrer Seele beruft, bereitet sie die abschließende symbolische Stellvertretung der Götter durch den Menschen vor: Nicht die äußere Repräsentation der Götter im Kultbild steht im Zentrum der Tragödie, sondern das lebendige Bild der Götter im Menschen.

Die innere Auseinandersetzung mit den Göttern, die von Schuld und Entsühnung geleitet wird, vollzieht Iphigenie in der Erinnerung an das Parzenlied, das den vierten Akt beschließt und zugleich die Versöhnung im fünften Akt vorbereitet.

Es fürchte die Götter
Das Menschengeschlecht!
Sie halten die Herrschaft
In ewigen Händen
Und können Sie brauchen,
Wie's ihnen gefällt.

Der fürchte sie doppelt,
Den je sie erheben!
Auf Klippen und Wolken
Sind Stühle bereitet
Um goldene Tische.

Erhebet ein Zwist sich:
So stürzen die Gäste
Geschmäht und geschändet
In nächtliche Tiefen,
Und harren vergebens,
Im Finstern gebunden,
Gerechten Gerichtes.

Sie aber, sie bleiben
In ewigen Festen
An goldenen Tischen.
Sie schreiten vom Berge
Zu Bergen hinüber:
Aus Schlünden der Tiefe
dampft ihnen der Atem
Erstickter Titanen,
Gleich Opfergerüchen,
Ein leichtes Gewölke.

Es wenden die Herrscher
Ihr segnendes Auge
Von ganzen Geschlechtern,
Und meiden im Enkel
Die ehemals geliebten
Still redenden Züge
Des Ahnherrn zu sehn.

So sangen die Parzen;
Es horcht der Verbannte
In nächtlichen Höhlen,
Der Alte, die Lieder,
Denkt Kinder und Enkel
Und schüttelt das Haupt.
(1726–1766)

Das Parzenlied ist in mancherlei Hinsicht eine Schlüsselstelle des Dramas.[55] Auffällig ist nicht nur die formale Stellung als Scharnier zwischen dem vierten und fünften Akt, sondern ebenso der gattungspoetische Wechsel vom Tragischen zum Lyrischen. Als Ausdruck der subjektiven Sphäre des Empfindes verweist der Einbruch des Lyrischen in die Tragödie zugleich auf den Prozess der Verinnerlichung der Götter, der die IPHIGENIE insgesamt bestimmt. Der lyrische Charakter des Parzenliedes steht in Übereinstimmung mit Iphigenies subjektiver Erfahrung, die versucht sich der Natur der Götter anhand deren Bild in der Seele des Menschen zu vergewissern.

Das zentrale Thema des Parzenliedes ist die Frage, wie sich der menschliche zu dem göttlichen Willen verhält. Die erste Strophe bestimmt das Verhältnis von Menschen und Göttern über den Begriff der Furcht: **Es fürchte die Götter / Das Menschengeschlecht!** Der Imperativ vor den Göttern Furcht zu haben wird in den folgenden Zeilen ausführlich durch die unterschiedliche Natur von Menschen und Göttern begründet. Die Erinnerung an die Herrschaft der Götter, die keiner zeitlichen Beschränkung unterworfen ist und daher das Attribut der Ewigkeit für sich in Anspruch nehmen kann, wird zugleich kritisch in den Bereich der Willkür verwiesen: **Wie's ihnen gefällt** können die Götter herrschen, da ihnen von keiner Seite, und am wenigsten vom sterblichen Menschen, eine Gefahr droht.

In umgekehrter Weise aber stellen die Götter eine Gefahr für den Menschen dar. Die zweite Strophe nimmt die anfängliche Warnung vor den Göttern im einleitenden Imperativ wieder auf. **Der fürchte sie doppelt, / Den je sie erheben!** Der warnende Hinweis, dass insbesondere der unter den Göttern zu leiden habe, den diese zu sich erheben, bereitet die Geschichte des Tantalus vor, die im Folgenden entfaltet wird. So erinnern die Stühle und Tische an das gemeinsame Mahl der Götter mit Tantalus, das mit dem Sturz vom Götterhimmel in die Tiefe der Unterwelt endet. Als Grund für das menschliche Leiden gibt die zweite Strophe am Beispiel des Tantalus die Erhebung des Menschen zu den Göttern an.

Der Hinweis auf den Sturz **In nächtliche Tiefen** verweist in diesem Zusammenhang über das konkrete Beispiel des Tantalus hinaus auf den Streit zwischen den olympischen Göttern und den Titanen, in dessen Mittelpunkt der Konflikt zwischen Zeus und Prometheus steht. Wie die griechische Sage berichtet[56], werden die Titanen im Kampf um die Herrschaft von Zeus besiegt und in den Tartaros gestürzt. Prometheus, der Zeus anfänglich im Kampf gegen die Titanen geholfen hatte, wendet sich gegen die olympische Herrschaft, indem er den Menschen das Feuer bringt und ihnen so ein Leben ermöglicht, das von der Gunst der Götter frei ist. In seinem Gedicht »Prometheus« hat GOETHE den Zusammenhang von Autonomie und Auflehnung des Menschen gegen die Götter deutlich gemacht.

Ich kenne nichts Ärmer's
Unter der Sonn' als euch Götter.
Ihr nähret kümmerlich
Von Opfersteuern
Und Gebetshauch
Eure Majestät
Und darbtet, wären
Nicht Kinder und Bettler
Hoffnungsvolle Toren.
[…]

Hier sitz' ich, forme Menschen
Nach meinem Bilde,
Ein Geschlecht, das mir gleich sei,
Zu leiden, weinen
Genießen und zu freuen sich,
Und dein nicht zu achten,
Wie ich.[57]

GOETHES Prometheusgedicht, das in seinem leidenschaftlichen und selbstbewussten Ton der Zeit des Sturm und Drang angehört, entwirft ein Bild des Menschen, der sich endgültig von den Göttern befreit hat. Angesichts der eigenen, durch das Feuer erlangten und in der Kunst veredelten Schöpfungskraft scheinen die Götter überflüssig. GOETHE vollzieht damit eine Umkehrung des traditionellen Verhältnisses von Menschen und Göttern. Nicht als Herren über die Menschen erscheinen die Götter, sondern als Knechte, die auf die Gunst der Menschen, auf Opfergaben und Gebete angewiesen sind. GOETHES Gedicht betont in radikaler Weise die Autonomie des Menschen, die sich in völliger Unabhängigkeit von göttlichen Gewalten entfaltet und daher, wie die letzte Zeile hervorhebt, auf das Geschlecht der Götter keine Rücksicht zu nehmen hat.

Die Verknüpfung von Tantalus und Prometheus, die GOETHE in seiner Autobiografie *DICHTUNG UND WAHRHEIT*[58] ausführlich begründet, stellt das Parzenlied vor den gleichen Hintergrund wie das Prometheusgedicht: Hier wie dort ist das Thema das Verhältnis zwischen Menschen und Göttern. Im Vergleich zu der leidenschaftlichen Absage an die Götter im Prometheusgedicht ist das Parzenlied allerdings zugleich eine implizite Kritik an dem überschwenglichen Menschenbild des Sturm und Drang. Der titanische Drang des Menschen den Göttern gleich zu werden erscheint im Parzenlied am Beispiel des Tantalus als das unselige Resultat der menschlichen Überhebung, die letztendlich zum Untergang führt. Während GOETHE im Prometheusgedicht die heroische Auflehnung der Menschen gegen die Götter in den Mittelpunkt stellt, steht im Zentrum des Parzenliedes die Kehrseite des menschlichen Frevels, der im Kampf gegen die Götter unterliegt und damit unendliche Schuld auf sich lädt. **Im Finstern gebunden** erleiden Prometheus und Tantalus die Strafe des Sturzes in den Tartaros.

Im Kontrast zur Verbannung der Titanen in die Unterwelt betont die vierte Strophe die von allen Wechseln und Veränderungen freie Herrschaft der olympischen Götter. **Sie aber, sie bleiben / in ewigen Festen /**

An goldenen Tischen. Der Höhe der Götter, die **vom Berge / Zu Bergen** schreiten, steht die Tiefe der Titanen gegenüber. Über dem **Atem Erstickter Titanen** schreiten die Götter unberührt hinweg. **Ein leichtes Gewölke** scheint ihnen nun der Atem der Titanen, der vorher eine reale Bedrohung ihrer Herrschaft war. Die Erhebung der Menschen zu den Göttern folgt ein Sturz in die Tiefe und damit eine räumliche Kluft, die den ursprünglichen Abstand von Menschen und Göttern noch vergrößert.

Die letzte Strophe des Parzenliedes betont die Kontinuität des Fluchzusammenhangs, der sich vom Urahnen Tantalus bis zu seinen Nachkommen und Enkeln erstreckt. **Von ganzen Geschlechtern** wenden die Götter die Augen um dem stummen Vorwurf der **ehemals geliebten / Still redenden Züge** auszuweichen. Die ursprüngliche Freundschaft zwischen Menschen und Göttern, die Tantalus und Zeus an der gemeinsamen Tafel versammelt hat, ist einer Feindschaft gewichen, die sich von Generation zu Generation weiterträgt. Angesichts der Souveräntität der Götterherrschaft scheint es für den Menschen, der einmal ihre Ungnade auf sich gezogen hat, keine Erlösung zu geben. Das Lied der Parzen, so lässt sich zusammenfassend sagen, stellt am Beispiel von Tantalus und Prometheus den Konflikt zwischen Menschen und Göttern als einen unaufhebbaren Streit zwischen zwei ungleichen Mächten dar.

Entscheidend für die Bedeutung des Parzenliedes im Kontext der *Iphigenie* ist die letzte Strophe des Gedichtes, die das Parzenlied als eine Reminiszenz an Iphigenies Kindheit ausweist. **So sangen die Parzen** heißt es nun in einem Wechsel des Tempus, der das Lied in den Bereich der Vergangenheit verweist. Der Erinnerungsbewegung, die das Lied vollzieht, entspricht die Rückbeziehung auf Tantalus, der in seiner Verbannung selbst dem Lied der Parzen, dessen Gegenstand er ist, zu lauschen scheint. **Es horcht der Verbannte / In nächtlichen Höhlen, / Der Alte, die Lieder; / Denkt Kinder und Enkel / Und schüttelt das Haupt.** Die zweite Zeile vollzieht abermals einen Tempuswechsel, die Tantalus nun von der erinnerten Vergangenheit in die Gegenwart des Dramas führt: Er lauscht dem Lied, das von seinem eigenen Schicksal erzählt. Durch die Idee Tantalus zum Hörer seiner eigenen Geschichte zu machen und so die erinnerte Vergangenheit und die erlebte Gegenwart aufeinander zu beziehen erscheint der Gehalt des Parzenliedes in einem anderen Lichte. Die Tatsache, dass Tantalus zum Schluss des Gedichtes sein Haupt schüttelt, weist darauf hin, dass der Urahn des Fluches mit seinen Ahnen leidet, da er die Verantwortung nicht nur für die eigene Tat trägt, sondern auch für seine Nachfahren. Zugleich jedoch wird die Furcht der Menschen vor den Göttern, die das Beispiel des Tantalus eindrucksvoll begründet, durch die Erinnerungsbewegung in die Vergangenheit verwiesen. Als Zitat an vergangene Zeiten wird das Parzenlied nicht zuletzt durch die Anführungsstriche ausgegeben, die es umrahmen. Iphigenie erinnert das Lied der Parzen nicht als dramatisch erlebte Gegenwart, sondern als einen Teil der Vergangenheit, der nun anders gestaltet werden kann. Iphigenies Erinnerung betont gegen die Parzen, die auf der Unlösbarkeit des Fluchzusammenhanges beharren, die Möglichkeit einer Befreiung des Menschen, die nicht wie der Aufruhr der Titanen gegen die Götter gerichtet ist, sondern einem neuen Bündnis zwischen Menschen und Göttern entspricht. Das Parzenlied besitzt damit für den Gesamtverlauf des Dramas die zentrale Bedeutung eines Umschlages im Verhältnis von Menschen und Göttern. Iphigenie gedenkt der vergangenen Schuld noch einmal um aus der Erinnerung an den Konflikt zwischen Menschen und Göttern heraus eine neue, von Schuld und titanischer Überhebung freie Lösungsmöglichkeit für den Menschen zu erwägen. Sie bereitet damit in der inneren Vergewisserung des Göttlichen die Versöhnung vor, die der Schlussakt verwirklicht.

5.3.4 Die unerhörte Tat

Im Parzenlied deutet sich eine Versöhnung zwischen den Menschen und den Göttern an, die von Iphigenie in der Erinnerung an die schuldbeladene Geschichte der Tantaliden vollzogen wird. Das Zentrum eines neuen Einverständnisses von Menschen und Göttern ist das Bild der Götter in der Seele des Menschen als Ausdruck einer subjektiven Erfahrung des Göttlichen, die zum Träger des menschlichen Handelns wird. Die Kennwörter für die innere Vergewisserung des Göttlichen sind für Iphigenie die Wahrheit und Menschlichkeit, mit der sie Thoas begegnet, die sie aber auch von ihm erwartet. Am Leitfaden von Iphigenies Glauben, dass allein die Wahrheit den Menschen befreie, entwickelt der letzte Akt eine Versöhnung, die sich im intersubjektiven Bereich des Gesprächs zwischen Iphigenie, Orest und Thoas verwirklicht.

Die Versöhnung, die das Drama abschließend erreicht, wird eingeleitet durch ein Gespräch zwischen Thoas und Iphigenie, in dem ganz wie im ersten Akt zwei grundsätzlich unterschiedliche Positionen aufeinandertreffen. Während der Skythenkönig auf das Gesetz der Götter pocht, das Iphigenie zum Opfer bestimmt, beruft sich die Priesterin auf die Freiheit des Menschen sein Handeln selbst zu bestimmen. Von dem erzürnten Thoas aufgefordert die Verschiebung des Opfers zu erklären bekennt sich Iphigenie in der Verwirklichung ihres Freiheitsbegriffes zu der Wahrheit.

Wenn
Ihr wahrhaft seid, wie ihr gepriesen werdet:
So zeigt's durch euern Beistand und verherrlicht
Durch mich die Wahrheit! (1916–1919)

Unabhängig von der politischen Gewalt des Königs und der List des griechischen Freundes verpflichtet sich die Priesterin der Wahrheit. Mit der Entscheidung Thoas den Betrug zu offenbaren bezieht Iphigenie, so Henkel, eine **Position der Selbstbehauptung**[59], die ihr Handeln insgesamt bestimmt. Der Freiheit ihrer Entscheidung entspricht die Einsicht in die Unabhängigkeit ihrer Person von religiösen Instanzen. Im Gespräch mit Thoas beruft sie sich nicht auf ihr Priesteramt, sondern auf ihre Familienherkunft. **Nicht Priesterin! nur Agamemnons Tochter** (1822). Damit vollendet sich die Emanzipation der Priesterin, die sich bereits im ersten Akt angedeutet hatte.

Iphigenies Emanzipation geht allerdings über die Grenzen ihres Priesteramtes hinaus. Gegenüber dem Skythenkönig beruft sich die Griechin auf eine Form der Freiheit, die in grundsätzlicher Weise keinen Einschränkungen unterworfen ist. Nicht nur als Priesterin behauptet sich Iphigenie, sondern auch als Frau. **Ich bin so frei geboren als ein Mann.** (1858) Hatte sie zu Anfang des Dramas das Schicksal der Frauen beklagt, denen im Vergleich zu den Männern wenig Handlungsmöglichkeiten offen stünden, so verbindet sich ihr Begriff der Freiheit mit dem der Gleichberechtigung, die der Frau die gleichen Freiräume zugesteht wie dem Mann. **Hat denn zur unerhörten Tat der Mann / Allein das Recht?** (1892–1893) Die rhetorische Frage impliziert bereits die Antwort. Iphigenie beruft sich auf die Freiheit des Willens als ein universales Prinzip, das jedem Menschen zukommt und stellt sich damit gegenThoas, der sie zum Opfer zwingen will, aber auch gegen Pylades, der sie in seinen Plan einspannen wollte. Wie Adorno bemerkt hat, stellt sie in Übereinstimmung mit Kants *Kritik der praktischen Vernunft* die Autonomie des Willens in den Vordergrund des menschlichen Handelns.

> **Wahrheit und Menschlichkeit, gehorsam dem kategorischen Imperativ der damals noch ungeschriebenen Kritik der praktischen Vernunft, desavouiert aus Freiheit, aus Autonomie ihr eigenes Interesse, das des Betrugs bedarf und damit den mythischen Schuldzusammenhang wiederholt.**[60]

Mit der Entgegensetzung von Freiheit und Schuld streicht Adorno den wesentlichen Zusammenhang heraus, der Iphigenies Entscheidung bestimmt: Nicht vom Orakel der Götter oder dem Plan des Pylades lässt sie sich leiten, sondern von ihrem Willen das Richtige zu tun. Gegen die mythische Schuld der Vergangenheit, die bisher das Handeln der Tantaliden bestimmte, macht Iphigenie den freien menschlichen Willen als das einzige Richtmaß des Guten geltend. Sie verpflichtet sich damit den Idealen der Aufklärung und der Idee der Autonomie des Willens, die Kants Ethik als das oberste Prinzip der Sittlichkeit begriffen hat.

Autonomie des Willens ist die Beschaffenheit des Willens, dadurch dasselbe ihm selbst (unabhängig von aller Beschaffenheit der Gegenstände des Wollens) ein Gesetz ist. Das Prinzip der Autonomie ist also: nicht anders zu wählen, als so, daß die Maximen seiner Wahl in demselben Wollen zugleich als ein allgemeines Gesetz mit begriffen sein.[61]

In Übereinstimmung mit Kants Begriff der Autonomie des Willens handelt Iphigenie, insofern sie sich Thoas gegenüber auf die freie Willensentscheidung als ein Prinzip beruft, das keinerlei Zwängen unterworfen ist, sondern sich selbst Gesetz ist. Kants Definition zufolge ist es der Wille selbst, der das Prinzip seiner Freiheit begründet und als ein allgemeines Gesetz ausgibt. Das bedeutet mit anderen Worten, dass das Prinzip der Freiheit zu einer allgemeinen Maxime des Handelns wird, die den Menschen in seiner Entscheidung verpflichtet auch der Freiheit und der Vernunftbeschaffenheit seines Willens gemäß zu handeln. Kant folgert daher, dass die Freiheit des Willens nicht nur den einzelnen Menschen angeht, sondern jedes vernünftige Wesen betrifft.

Es ist nicht genug, daß wir unserem Willen, es sei aus welchem Grunde, Freiheit zuschreiben, wenn wir nicht ebendieselbe auch allen vernünftigen Weisen beizulegen hinreichenden Grund haben. Denn da Sittlichkeit für uns bloß als für vernünftige Wesen zum Gesetz dient, so muß sie auch für alle vernünftigen Wesen gelten[62].

Im umfassenden Sinne einer Autonomie, die allen Menschen zu eigen ist, fordert Iphigenie von Thoas die gleiche Einsicht in die prinzipielle Freiheit des Willens, die ihr eigenes Handeln leitet. Niemand zwingt ihn zum Opfer, er kann selbst entscheiden, ob er den Kultdienst beibehält oder ob er das Opfer endgültig aussetzt und damit das Prinzip der Menschlichkeit verwirklicht, auf das sich Iphigenie beruft. In seiner Antwort erkennt Thoas das Prinzip der Menschlichkeit an, indem er der Priesterin eine Frage stellt, die in ironischer Form den Gegensatz von Griechen und Barbaren zum Ausgang nimmt.

Du glaubst, es höre
Der rohe Skythe, der Barbar, die Stimme
der Wahrheit und der Menschlichkeit, die Atreus,
Der Grieche nicht vernahm? (1937–1938)

Das Wechselgespräch zwischen Thoas und Iphigenie begründet das Ideal der Menschlichkeit, das GOETHES *IPHIGENIE* zum bedeutendsten literarischen Zeugnis der Weimarer Klassik macht. Wesentlich für das klassische Ideal der Humanität ist der universale Anspruch des Menschlichen, den Iphigenie behauptet, indem sie den Unterschied von Griechen und Barbaren in der Antwort auf die Frage des Thoas einebnet.

> **Es hört sie jeder,**
> **Geboren unter jedem Himmel, dem**
> **Des Lebens Quelle durch den Busen rein**
> **Und ungehindert fließt.** (1939–1942)

Mit diesen Worten formuliert Iphigenie den Begriff des Menschlichen, der über die Interessen des Einzelnen hinausgeht, dessen Bedingung aber die Reinheit des Herzens bleibt, die Iphigenie selbst in idealer Weise verkörpert. Nicht als Privileg der Priesterin erscheint die Einsicht in das Gute, sondern als eine Möglichkeit, die dem Menschen offen steht, sofern er sich der Stimme des Herzens anvertraut.

Der universale Humanitätsanspruch, den Iphigenies **Stimme der Wahrheit und der Menschlichkeit** an Thoas stellt, hat allerdings immer wieder Kritik bezogen. So erkennt Martin Walser in der *Iphigenie* eine schale Verklärung der Wirklichkeit ins Ideale, die nur deshalb ein leichtes Spiel habe, da sie auf keinen Widerstand treffe, der nicht bereits vom Geist Weimars durchdrungen sei.

> **In Goethes klassischen Stücken treten nur noch Weimaraner auf. Iphigenies Salto ins pure Wahrhaftige, mit dem sie immerhin auch noch das Leben von zwei weiteren, sagen wir einmal Menschen riskiert, wäre in jedem anderen Raum schlimmster leutnantshafter Leichtsinn. Aber Thoas ist Weimaraner. Darauf kann Iphigenie zählen. Insofern ist es doch kein so großes Risiko.**[63]

Walser wirft Goethe vor mit Thoas einen verkappten Weimaraner auf die Bühne zu stellen, der von vorneherein ein glückliches Ende garantiere. Für die Interpretation, die trotz aller Einwände an dem humanistischen Geist des klassischen Dramas festhalten will, ist es daher entscheidend, die *Iphigenie* von jedem falschen Pathos der Menschlichkeit zu befreien. In dieser Hinsicht gibt die Position von Thoas die entscheidenden Auskünfte. Hinter Thoas' Frage, ob Iphigenie ernsthaft glaube, gerade in dem Barbarenkrieg das Prinzip der Menschlichkeit und Freiheit zu erkennen, das ihre eigene Familie verleugnet hat, verbirgt sich mehr als eine bloße Rhetorik der Humanität. Nicht ohne ironischen Unterton stellt sich Thoas in seinem Selbstporträt humaner dar, als die Griechen es sind. Die traditionelle Rollenaufteilung von barbarischen Skythen und freien Griechen, die noch Pylades und Orest in dem Auftrag des Bildraubes leitet, wird damit vertauscht: Atreus erscheint als Barbar, Thoas als Grieche. Der berechtigten Skepsis, die Thoas angesichts seiner bevorstehenden Veredlung zum Griechentum äußert, begegnet Iphigenie mit einem Pathos der Reinheit und Menschlichkeit, das den Universalitätsanspruch des Humanitätsideals in scheinbar naiver Weise ausdrückt.

In Wirklichkeit aber gelingt der Priesterin die Wahrheit damit eine Begründung des Menschlichkeitsideals, die fern des von WALSER geäußerten Ideologieverdachts durchaus glaubwürdig ist. Das wesentliche Kennzeichnen von Iphigenies Lösungsvorschlag ist in diesem Zusammenhang die Tatsache, dass sie ihre Auffassung von Humanität im Gespräch mit Thoas entwickelt. Entscheidend für ihre Idee der Freiheit scheint dementsprechend die Dialogizität zu sein, innerhalb derer sich das Gute verwirklicht. Nicht als von den Göttern vererbtes Gesetz begreift Iphigenie die Kriterien, nach denen sie ihr Handeln ausrichtet, sondern als eine Form der Wahrheit, die der Mensch zwar in Übereinstimmung mit dem Bild der Götter trifft, aber erst im zwischenmenschlichen Bereich des Gesprächs realisiert. Das hierarchische Verhältnis von Menschen und Göttern ersetzt sie damit durch die gleichberechtigte Stellung der Menschen untereinander. Dieses Verhältnis zwischen den Menschen verwirklicht sich in der intersubjektiven Gesprächssituation, die wiederum den gesamten Schluss des fünften Aktes bestimmt.

Zugleich stellt Iphigenie die Ideale der Freiheit und Selbstbestimmtheit, die sie Thoas gegenüber äußert, in den Horizont der Entsühnung, die sie stellvertretend zu verwirklichen sucht. **Lass mich mit reinem Herzen, reiner Hand / Hinübergehen und unser Haus entsühnen** (1968–1969), mit dieser Bitte appelliert sie an Thoas' Willen sie in die Heimat zu entlassen. Die Verwirklichung der Freiheit erscheint damit nicht allein als ein partikulares Interesse der Priesterin, sondern als die Bedingung der Möglichkeit für eine menschliche Entsühnung von der Schuld, die den Griechen die Rückkehr in die Heimat erlauben soll.

5.3.5 Schwert und Wort

Das Gespräch zwischen Thoas und Iphigenie verlegt den Prozess der Wahrheitsfindung in den sprachlichen Dialog. Unterbrochen wird das Zwiegespräch des Königs und der Priesterin durch Orest, der mit dem Schwert bewaffnet auf die Bühne stürmt. Orest und Iphigenie vertreten in dieser Hinsicht zwei grundsätzlich verschiedene Lösungsvorschläge. Während sich Orest auf die Gewalt der Waffen beruft um die Freiheit zu erkämpfen, vertritt Iphigenie den Weg einer gewaltfreien Versöhnung, die durch die Unterredung mit dem Skythenkönig ermöglicht werden soll. Im Gespräch mit Thoas hebt Iphigenie selbst hervor, dass sie im Gegensatz zu ihrem Bruder nicht auf die Macht des Schwertes, sondern die des Wortes vertraut.

> **Stünd Agamemnons Sohn dir gegenüber**
> **Und du verlangtest, was sich nicht gebührt:**
> **So hat auch *er* ein Schwert und einen Arm,**
> **Die Rechte seines Busens zu verteid'gen.**
> **Ich habe nichts als Worte, und es ziemt**
> **Dem edlen Mann, der Frauen Wort zu achten.** (1859–1864)

Indem sie Schwert und Wort einander gegenüberstellt, fasst Iphigenie die beiden unterschiedlichen Lösungswege zusammen, die den letzten Akt bestimmen. Dabei steht Orests Auftritt im fünften Akt ganz in der Tradition der griechischen Heroen und insbesondere seines Vaters Agamemnon. Mit gezücktem Schwert will Orest den Weg zum Schiff frei machen um die Rückkehr in die Heimat zu ermöglichen. Ihm tritt mit Thoas der König entgegen, der das gleiche Recht der Waffen verkörpert. Die Regieanweisungen im vierten Auftritt des fünften Aktes belegen die drohende Eskalation, die erst durch Iphigenies Intervention entschärft wird. ***Orest gewaffnet,* Thoas *(nach dem Schwerte greifend),* Orest *(der das Schwert einsteckt).***

Während Orest und Thoas sich mit gezückten Schwertern gegenüberstehen, greift Iphigenie mäßigend ein für eine Lösung im gewaltfreien Gespräch. Sie setzt sich damit gegen Thoas, aber auch gegen ihren Bruder Orest durch. **So sprich! Du siehst, ich horche deinen Worten.** (2012) Orest verspricht seiner Schwester den vorläufigen Verzicht auf die Waffen um Raum für eine Lösung zu gewähren, die auf der vermittelnden Kraft der Sprache beruht. Wie Orest willigt Thoas in einen Waffenstillstand ein, der zugleich Arkas und Pylades von der Bühne verbannt. **Gebiete Stillstand meinem Volke! / Keiner beschädige den Feind, solange wir reden.** (2022–2023) Die abschließende Unterredung bleibt auf die Repräsentanten der königlichen Gewalt, auf Thoas, Iphigenie und Orest beschränkt. Arkas und Pylades, dessen Plan endgültig gescheitert ist, werden in die Bedeutungslosigkeit verwiesen.

Orest nutzt den Waffenstillstand um eine Lösung zu entwickeln, die wiederum aus der Macht des Schwertes besteht. Er schlägt einen Zweikampf mit Thoas vor, der beide vor die Alternative Freiheit oder Tod stellt. Orests Entscheidung für die Waffen verweist dabei durch das Symbol des Schwertes zugleich auf die Kontinuität in seinem Verhalten mit seinem Vater Agamemnon.

> **Hier ist das Schwert,**
> **Mit dem er Trojas tapfre Männer schlug.**
> **Dies nahm ich seinem Mörder ab und bat**
> **Die Himmlischen, den Mut und Arm, das Glück**
> **Und einen schönen Tod mir zu gewähren.** (2035–2040)

Mit der Geschichte des Schwertes beruft sich Orest auf die heroische Vergangenheit seines Vaters, aber zugleich auch auf den unheilvollen Fluchzusammenhang, der ihn nun bedroht. Von Agamemnon über dessen Mörder Aigisthos bis hin zu Orest selbst erstreckt sich die Geschichte des Schwertes, von der in der Vergangenheit wenig Gutes zu bezeugen ist, entsprechend aber auch wenig Gutes für die Zukunft zu erhoffen ist. Mit dem Symbol des Schwertes verweist Orest auf die Tradition der griechischen Heroenzeit um seine Befreiung durch die Waffengewalt zugleich als einen Irrweg auszugeben. So wenig Agamemnon durch den Sieg über Troja Frieden gefunden hat, sondern in der Folge durch das eigene Schwert gefallen ist, so wenig verspricht das Schwert des Vaters Orest eine Freiheit, die mit der endgültigen Entsühnung der Familienschuld übereinstimmen könnte. Während Orest durch das Symbol des Schwertes mit der mythischen Schuld der Vergangenheit verstrickt wird, schwört Iphigenie dagegen im Vertrauen auf das Gespräch den Waffen ab, um einen Weg zur Entsühnung zu finden, der mit der Gewalt der Vergangenheit zu brechen vermag.

Ihr steht allerdings der Raub des Bildes entgegen, den die Götter von den Griechen fordern. Thoas kann einer gewaltfreien Lösung des Konfliktes zunächst nicht zustimmen, da er durch seine politische Funktion als König den Raub des Bildes nicht dulden kann.

So würden doch die Waffen zwischen uns
Entscheiden müssen; Frieden seh ich nicht.
Sie sind gekommen, du bekennst es selbst,
Das heil'ge Bild der Göttin mir zu rauben. (2097–2100)

In dieser schwierigen Situation, die trotz der Bemühungen Iphigenies auf eine bewaffnete Konfrontation von Griechen und Skythen hinauszulaufen scheint, findet Orest in überraschender Weise einen Ausweg, indem er das göttliche Orakel einer neuen Deutung unterzieht.

Bringst du die Schwester, die an Tauris' Ufer
Im Heiligtume wider willen bleibt,
Nach Griechenland: so löset sich der Fluch.
Wir legten's von Apollens Schwester aus,
Und er gedachte *dich!* Die strengen Banden
Sind nun gelöst; du bist den Deinen wieder,
Du Heilige, geschenkt. (2113–2119)

Auf den ersten Akt überrascht Orests Lösungsvorschlag. Im zweiten Akt hatte Pylades noch behauptet: **Der Götter Worte sind nicht doppelsinnig** (614). Orests Auslegung scheint nun das Gegenteil zu beweisen. Doppelsinnig erscheint der Götterspruch, insofern er auf Diana, die Schwester Apolls, wie auf Iphigenie, die Schwester Orests, bezogen ist.

Orest verpflichtet sich in diesem Zusammenhang ganz der Hermeneutik als der Lehre des rechten Verstehens. In der Korrektur seiner ersten Auslegung des Orakels erfährt Orest in einem Verstehensprozess die Wahrheit durch eine zweite, angemessenere Deutung: Mit der Schwester ist nicht Apolls Schwester Diana gemeint, sondern die eigene Schwester Iphigenie.

In dem Anspruch auf das richtige Verstehen des Orakels setzt sich Orestes Deutung zugleich einem Einwand aus. Entspringt seine plötzliche Eingebung nicht einer Willkür, die sich den Spruch der Götter nach eigenem Gutdünken zurechtlegt um auf diese Art die eigenen Interessen, die Heimfahrt nach Griechenland durchzusetzen? Wenn das Orakel der Götter vorher den Leitfaden für die Handlungen des Menschen abgab, so scheint sich Orest nun keinem anderen Kriterium mehr zu unterwerfen als der eigenen Einsicht in die göttliche Ordnung, die damit aber sowohl der bewussten Täuschung als auch dem Irrtum Tür und Tor öffnet.

Über die Frage nach dem rechten Verständnis des Orakels hinaus besitzt Orests Auslegung im Kontext der zentralen Thematik des Dramas, der Frage nach dem Verhältnis von Menschen und Göttern, jedoch vor allem eine symbolische Funktion. Indem Orest das Orakel neu deutet, betont er, dass das Wort der Götter, das ihm Erlösung von der Schuld verspricht, dem Verständnis des Menschen unterworfen ist. Das Orakel erscheint damit nicht als ein Richtspruch, der über dem Menschen schwebt und sein Handeln bestimmt, sondern als eine Form der Wahrheit, die vom Menschen selbst realisiert werden muss. **Die strengen Bande / Sind nun gelöst,** ruft Orest angesichts einer Entsühnung aus, die sich nicht allein den Göttern verdankt, sondern der Einsicht des Menschen.

Die Autonomie des Menschen betont Orest jedoch nicht nur durch seine Auslegung des Orakels, die den Willen der Götter dem menschlichen Verstehen unterwirft, sondern auch durch den Gehalt seiner Aussage. Indem Orest erkennt, dass im Orakel nicht von Diana, sondern von Iphigenie die Rede war, setzt er in symbolischer Weise den Menschen an die Stelle des Gottes: Die Göttin Diana wird durch den Menschen Iphigenie ersetzt, die in ihrer Vermittlungsfunktion zwischen der göttlichen und der menschlichen Instanz nun an eine **Heilige** erinnert. Die symbolische Form der Stellvertretung, die den Menschen Iphigenie in den Mittelpunkt des Geschehens stellt, setzt dabei zugleich den Opferzusammenhang außer Kraft, der die Priesterin im blinden Gehorsam in erneute Schuldverstrickung gezwungen hätte. Die kultische Verehrung des Götterbildes, die den Streit zwischen Thoas und Iphigenie wie den zwischen den Griechen und den Skythen bestimmte, weicht der erlösend-verbindenden Kraft der Iphigenie, die dem Bruder nun selbst **Gleich einem heil'gen Bilde** (2127) erscheint.

Der letzte Auftritt vollendet somit den Prozess der Autonomisierung des Menschen, den Iphigenie in ihrer Entscheidung für die Wahrheit eingeleitet hatte. Die verhängnisvolle Verflochtenheit des Menschen in die schicksalshafte Ordnung der Götter wird abgelöst durch eine Form der Freiheit, die Iphigenie und Orest durch eine rein menschliche Entsühnung erlangen. Die abschließende Heimkehr der Griechen bestätigt die Freiheit, die Iphigenie und Orest im Verlauf des Dramas erlangt haben, indem sie sich von den Banden der Vergangenheit gelöst haben. Die schicksalhafte Verflochtenheit von Menschen und Göttern ist einer freien Ordnung des Menschen gewichen, die GOETHES *IPHIGENIE* in den Horizont eines der Aufklärung verpflichteten Humanitätsbegriffes stellt, der Freiheit, Wahrheit und Menschlichkeit in idealer Weise miteinander verknüpft. In diesem Sinne erscheint die *IPHIGENIE* wirklich als Ausdruck der klassischen Humanität, als die sie oft begriffen wurde.

5.3.6 Happyend auf Tauris?

GOETHES *IPHIGENIE* endet mit einem vielzitierten Abschiedssegen. **Lebt wohl!** (2174) Mit diesem Wort gibt Thoas den Scheidenden seinen Segen. Alles scheint zum Guten gewendet. Thoas, der auf Tauris keine Menschenopfer mehr dulden wird, sieht einer gesicherten Herrschaft entgegen, Orest ist von seinem Wahn geheilt, Iphigenie kann mit ihrem Bruder nach Griechenland zurückkehren. Der Fluch der Tantaliden ist gelöst – alles ist gut.

Das überwältigende Happyend, das der Schluss des Dramas inszeniert, wirft allerdings einige Fragen auf. Hat GOETHE mit dem versöhnlichen Ende nicht zu viel des Guten getan? Kritische Interpreten betonen daher, dass die abschließende Versöhnung unglaubwürdig und zum Teil sogar ungerecht ist. So stellt Adorno fest, **dass der Skythenkönig, der real weit edler sich verhält als seine edlen Gäste, allein, verlassen, übrig ist. […] Das Meisterwerk knirscht in den Scharnieren: damit verklagt es den Begriff des Meisterwerks.**[64] Die Frage, die sich hinter Adornos Einwand verbirgt, ist die, ob die abschließende Lösung, die sich als das Resultat eines allgemein gültigen Humanitätsbegriffes ausgibt, nicht ein fundamentales Ungleichgewicht zwischen den Griechen und Thoas verbirgt, das dem universalen Anspruch des Menschlichkeitsideals widerspricht.

Adornos Einwand lässt sich vor dem Hintergrund der abschließenden Sprechsituation noch verschärfen. Der umfassende Anspruch der Wahrheit und der Menschlichkeit, den Iphigenie Thoas gegenüber vertritt, verdeckt, dass Thoas dem Vorschlag der Griechen weniger aus freiem Willen folgt, als dass er sich ihm gezwungenermaßen ergibt. Der unbefangene Leser kann sich des Eindrucks nicht erwehren, dass Thoas im letzten Akt von den Argumenten der Griechen regelrecht überrollt wird. **Du hast nicht oft / zu solcher edeln Tat Gelegenheit. / Versagen kannst Du's nicht; gewähr es bald.** (2148–2150) Vor dem Hintergrund der deutlichen Aufforderung endlich in die Rückkehr der Griechen einzustimmen scheint Thoas gar nicht anders handeln zu können, als wie es Iphigenie von ihm fordert. Entsprechend wenig bleibt ihm zum Schluss zu sagen übrig: Im Vergleich zu den wortgewandten Griechen beschränkt sich sein Redeanteil im letzten Auftritt auf vier Worte: **So geht!** (2115) Und schließlich: **Lebt wohl!**

Die kritische Frage, die sich damit stellt, ist die, ob Iphigenie, die sich auf die gewaltlosen Prinzipien der Wahrheit und Menschlichkeit beruft, nicht eine Herrschaft des Guten errichtet, der Thoas, der Barbarenkönig, erliegt. So sehr dieser Einwand aber auch auf den ersten Blick einleuchten mag, so sehr unterschlägt er, dass sich der Schluss des Dramas auf das Ideal der Menschlichkeit in keineswegs selbstverständlicher Weise bezieht. Orest und Iphigenie triumphieren über den König der Skythen nicht, wie ihr Vater Agamemnon über die Trojaner triumphierte. Vielmehr konstituiert sich die Versöhnung erst dadurch, dass Thoas, wenn auch zögernd, in die Abreise der Griechen in die Heimat einwilligt. Entscheidend für die abschließende Versöhnung ist mithin, dass nicht das Einschreiten der Götter die Lösung verbürgt, sondern eine Auseinandersetzung, die im Gespräch auf den Bereich des Menschen beschränkt bleibt. Die Freiheit, die Iphigenie in der Entsühnung der Vergangenheit erlangt, verdankt sich der Kraft des Menschen, sein Handeln selbst zu bestimmen. Gewonnen ist mit dem Happyend auf Tauris nicht der Kampf des Wahren, Guten und Schönen, sondern die Möglichkeit einer Selbstbehauptung innerhalb der Grenzen der Menschlichkeit. Und darin hat *Iphigenie* nichts von ihrer Aktualität verloren.

5.4 Figurenkonstellationen

Goethes *Iphigenie auf Tauris* zeichnet sich neben der strengen klassischen Form durch eine symmetrische Figurenkonstellation aus, die die innere Geschlossenheit des Dramas unterstreicht. Die klare Zuordnung einzelner Figurengruppen wird erleichtert durch die Beschränkung auf wenige handelnde Personen. In diesem Zusammenhang lassen sich im Wesentlichen drei Figurenkomplexe unterscheiden, die sich wechselseitig überlagern.

Die offensichtlichste Unterscheidung innerhalb der Figurengruppen des Dramas ist die zwischen Griechen und Skythen: Iphigenie, Orest und Pylades stehen Thoas und Arkas gegenüber. Die klare Differenz zwischen diesen beiden Personengruppen wird jedoch durch die vermittelnde Figur Iphigenies zunehmend eingeschränkt. Zwar repräsentieren Orest und Pylades für Iphigenie die griechische Heimat, Thoas und Arkas hingegen das taurische Exil. In dem Maße, in dem sich Heimat und Fremde im Drama jedoch dialektisch verschränken, die Heimat zur Fremde und die Fremde zur Heimat wird (76–77), nivelliert sich auch der Unterschied von Griechen und Skythen. Im Unterschied zur Tragödie des EURIPIDES ist der offenkundige Gegensatz von Griechen und Skythen daher nicht mit dem von Griechen und Barbaren gleichbedeutend. Im Gegenteil: Vom Anfang bis zum Schluss des Dramas erkennt Iphigenie in dem König den **edlen Manne** (2145; vgl. 33), während die Griechen in den kritischen Augen des Skythen als Barbaren erscheinen, die auf die Insel gekommen sind um das Bild der Göttin zu stehlen (vgl. 2102–2106). Während die scheinbare Eindeutigkeit des Verhältnisses von Griechen und Barbaren somit im Lauf des Dramas zunehmend destabilisiert wird, setzt der Schluss die Differenz zwischen Skythen und Griechen endgültig außer Kraft. Im Gespräch mit Arkas erinnert sich die Priesterin, **[d]aß ich auch Menschen hier verlasse** (1524). Die abschließende Versöhnung realisiert in dieser Hinsicht eine endgültige Aufhebung der Differenz von Griechen und Barbaren, an deren Stelle ein umfassender Menschlichkeitsbegriff tritt, der alle handelnden Personen des Dramas gleichermaßen umfasst.

Der Gleichheit, die sich zum Schluss des Dramas paradigmatisch durchsetzt, steht allerdings eine andere Personenkonstellation gegenüber. So lassen sich mit Arkas und Pylades sowie Thoas, Orest und Iphigenie zwei hierarchisch klar voneinander betrennte Bereiche unterscheiden. Im Unterschied zu den **zweiten Violinen**[65] Arkas und Pylades, wie Adorno nicht zu Unrecht bemerkt, repräsentieren Iphigenie, Orest und Thoas die politische Macht des Königtums, von der die anderen Personen letztendlich ausgeschlossen bleiben. Bezeichnenderweise haben Arkas und Pylades an der abschließenden Versöhnung keinen Anteil, im fünften Auftritt des fünften Aktes werden sie gemeinsam von der Bühne gewiesen. Die erste Figurenkonstellation, die die Skythen Thoas und Arkas von den Griechen Orest und Pylades abgrenzt, wird somit von einer zweiten durchkreuzt, die Thoas und Orest sowie Arkas und Pylades zusammenstellt.

Arkas und Pylades verkörpern in diesem Zusammenhang das Prinzip einer pragmatischen, interessegeleiteten Vernunft. Sie unterscheiden sich allerdings durch ihr Verhältnis zu den ihnen übergeordneten Figuren. Während Pylades und Orest durch Freundschaft verbunden sind, nimmt Arkas an der Seite von Thoas nicht mehr als eine politische Beraterrolle ein.

An der Seite Thoas' vertritt Arkas die Staatsraison. Persönliche Interessen ordnet Arkas dem Nutzen für den Staat unter. Am deutlichsten werden seine Funktion und die Beweggründe seines Handelns im ersten Akt, in dem er Iphigenie zur Heirat mit Thoas bewegen will. Während für den vereinsamten und kinderlosen Thoas das persönliche Lebensglück auf dem Spiel steht, begründet Arkas die Heirat des Königs mit dem Nutzen, den Iphigenie dem Staat bisher gebracht hat und weiter bringen kann. Iphigenies Unwilligkeit begegnet er mit dem nicht unberechtigten Hinweis auf das Glück, das sie den Skythen seit ihrer Ankunft brachte. **Das nennst du unnütz, wenn von Deinem Wesen / Auf Tausende ein Balsam träufelt?** (138–139) Arkas orientiert sich damit an einer idealen Übereinstimmung zwischen persönlichem und politischem Interesse. Er vertritt das utilitaristische Prinzip des Nutzens, das er Iphigenie gegenüber wiederholt in den Vordergrund stellt. **Bedenke, was du tust und was dir nützt.** (156) **Versage nicht, was gut und nützlich ist.** (1449) Die Position des Arkas, die das Gute mit dem Nutzen gleich setzt, erreicht allerdings ihre Grenzen in dem Falle Iphigenies, wo der persönliche Wille und der des Staates in nicht zu vereinbarender Weise auseinander klaffen. Angesichts des Widerwillens der Priesterin fordert Arkas in mehr oder minder eindeutiger Weise, dass Iphigenie ihr persönliches Interesse dem Wohl des Staates unterwerfe: **Drum bitt' ich dich, vertrau ihm, sei ihm dankbar, / Wenn du ihm weiter nichts gewähren kannst.** (207–208) Wo die Liebe und der persönliche Wille fehlt, soll die Dankbarkeit Abhilfe schaffen. Arkas erweist sich damit als ein Berater des Königs, der von seinen eigenen Interessen wie von denen der anderen absieht und das Glück des Staates vor alles andere stellt. Von Iphigenie fordert er nicht mehr und nicht weniger als das persönliche Opfer für den Staat.

In ähnlicher Weise wie Arkas verkörpert Pylades das Prinzip einer besonnenen Klugheit, die in seinem Falle jedoch nicht auf den politischen Bereich des Staates bezogen ist, sondern auf den religiösen der Götter. Im Unterschied zu Arkas hat Goethe der Figur des Pylades allerdings mehr Kontur verliehen. Er ist nicht nur der Freund Orests, sondern auch eine Gegenfigur zu dem verzweifelten Muttermörder.

Pylades' Pragmatismus zeigt sich in seinem Götterbild. Im Unterschied zu Orest vertraut er auf die menschliche Klugheit, die er in idealer Übereinstimmung mit dem Willen der Götter glaubt. **Ganz anders**

denk ich, und nicht ungeschickt / Hab ich das schon Geschehne mit dem Künft'gen / Verbunden und im stillen ausgelegt. (30–732) Geschicktheit, Klugheit und List sind die Attribute, die Pylades in sich versammelt. Sein Vorbild ist nicht umsonst Odysseus (762), das griechische Musterbild des listigen Mannes. **Mir scheinen List und Klugheit nicht den Mann / Zu schänden, der sich kühnen Taten weiht.** (766–767)

Der pragmatische Sinn des Pylades ist allerdings von Beginn an nicht widerspruchsfrei. Die ideale Übereinstimmung zwischen dem eigenen Sinn und dem der Götter verbirgt im Grunde – ähnlich dem Nutzen des Staates für Arkas – ein persönliches Interesse, das den Willen der Götter nur vorschiebt. **Mit seltener Kunst flichtst du der Götter Rat / Und deine Wünsche in *eins* zusammen** (40–741), bemerkt Orest nicht ohne Spott. Pylades vertritt das Prinzip der interessegeleiteten Klugheit, das sich die Götter nach eigenen Wünschen und Hoffnungen gestalten.

Die Position des Pylades wird daher im Laufe des Dramas zunehmend kritischer bewertet. Henkel betont zwar, dass der Grieche von ernsthaften Vorwürfen verschont bliebe. **Es zeichnet Pylades aus, daß sein Pragmatismus ohne jeden niedrigen Zug ist.**[66] Dem ist aber nicht vorbehaltlos zuzustimmen. Iphigenie gegenüber erscheint er als rhetorischer Verführungskünstler (vgl. Kap. 5.3.1), der die Priesterin zu einer Verstellung zwingen will, zu der ihr Charakter nicht fähig ist. In erstaunlicher Weise ändert sich in diesem Zusammenhang das Götterbild von Pylades: **die ehrne Hand / Der Not** (1680–1681) stellt er schließlich über die Götter, deren Rat er an früherer Stelle gesucht hatte. Die Klugheit, die Pylades an den Tag legt, neigt sich damit immer mehr zur listigen Verschlagenheit, die schon Odysseus nachgesagt wurde. **Ich schätze den, der tapfer ist und grad** (768), meint Orest daher im Wechselgespräch mit seinem Freund um gerade die Charakterzüge hervorzuheben, die Pylades nicht verkörpert.

Die eigentliche Gegenfigur zu Pylades ist nicht Orest, sondern Iphigenie. Der Verstellungskunst des Freundes steht mit Iphigenie eine Form der Aufrichtigkeit und Wahrheitsliebe entgegen, die letztlich die Durchsetzung der Rückkehr in die Heimat erreicht, die Pylades verwehrt bleibt. Im Unterschied zu Pylades steht im Mittelpunkt von Iphigenies Handlungen nicht das eigene Interesse, sondern die Pflicht gegenüber dem Ideal der Menschlichkeit, das die Priesterin in ihrer Brust birgt. Im Vergleich zu Arkas und Pylades, deren Handlungen sich mehr oder minder offen nach dem eigenen Nutzen richten, repräsentiert Iphigenie ein von den Ideen der Aufklärung bestimmtes Prinzip der Sittlichkeit, das sich in einer vom persönlichen Nutzen unkonditionierten Weise auf das Gute zu beziehen versucht.

In diesem Zusammenhang lässt sich eine dritte Figurenkonstellation unterscheiden, die den eigentlichen Kern des Dramas ausmacht: das Geschwisterverhältnis von Orest und Iphigenie. Während Orest mit Pylades durch Freundschaft verbunden ist, geht seine Beziehung zu Iphigenie ganz in der des Bruders auf. Entscheidend ist in diesem Zusammenhang, dass sich Orest und Iphigenie im Verlauf der Tragödie von der unheilvollen Beziehung zu ihren Eltern lösen um in ein reines und von jeder Schuld freies Geschwisterverhältnis einzutreten. Die durch die Eltern vermittelte Verstricktheit in die mythische Vergangenheit wird durch die Schwesterlichkeit **als einer Figur des entsagenden Eros**[67], so Henkel, entsühnt. Die Reinheit der Iphigenie vollendet sich in der schwesterlichen Beziehung zu Orest, die – zumindest in der Darstellung in GOETHES Drama – von allen erotischen, schuldbeladenen Implikationen frei ist.

Die komplexen Relationen der handelnden Personen zeigen damit, dass Iphigenie im Mittelpunkt der Figurenkonstellation steht. Sie ist die Einzige, die zu allen anderen Figuren des Dramas in Beziehung gesetzt wird. Zu Thoas unterhält sie eine Tochterbeziehung, die diesen zum einen in eine latente Spannung zu Agamemnon stellt, zum andern aber mit dem eigenen Wunsch der Heirat kollidiert. Mit Pylades dagegen verbindet die Priesterin die gleiche Freundschaft wie ihr Bruder. Schließlich bleibt es ihr vorbehalten, die unterschiedlichen Figurenkonstellationen aufzuheben. Sie vereint Griechen und Skythen durch den Begriff der Menschlichkeit, der die Einzelbeziehungen überlagert. Während Adorno versucht hat die Figur des Orest in den Mittelpunkt des Stückes zu stellen[68], zeigt der Gang von GOETHES Tragödie deutlich, dass Iphigenie die zentrale Figur des Schauspiels ist.

5.5 Symbolik und Leitmotivik

Im Verlauf der Interpretation hat sich gezeigt, dass der Text von einem dichten Netz von Leitmotiven durchzogen ist. Im Folgenden wird zuerst eine kurze Darstellung von GOETHES Theorie des Symbols gegeben um in einem zweiten Schritt die spezifisch symbolische Bedeutung der im Text verwandten Leitmotive zu klären.

5.5.1 Goethes Symbolbegriff

In seinem Standardwerk *METAPHER, ALLEGORIE, SYMBOL* definiert Gerhard Kurz den Ursprung des Symbolbegriffes folgendermaßen: **Das griechische Substantiv *symbolon* ist abgeleitet vom Verbum *symballein*, das zusammenbringen, zusammenwerfen, zusammenstellen, auch versammeln und vergleichen bedeutet.**[69] Zusammenbringen und Zusammenwerfen zeichnet das Symbol aus, wie Kurz festhält, insofern dessen Aufgabe darin besteht, getrennte Elemente in eine ursprüngliche Form der Einheit zu überführen. Als Beispiel für die Bedeutung des Symbols führt Kurz zwei Hälften eines Rings an, die zusammengefügt als Wiedererkennungszeichen dienen. Für GOETHES Symbolbegriff ist dessen griechischer Ursprung nicht ohne Einschränkungen verbindlich. An der Bedeutung des Symbols als einem Zeichen, dessen Funktion in dem Zusammenfügen zweier getrennter Teile zu einer Einheit besteht, hält GOETHE aber fest, indem er die symbolische Zusammenführung dichtungstheoretisch auf die unterschiedlichen Bereiche des Besonderen und des Allgemeinen bezieht.

In den *MAXIMEN UND REFLEXIONEN* hat GOETHE eine Theorie des Symbols entwickelt, die für sein schriftstellerisches Schaffen von zentraler Bedeutung ist. Im Unterschied zur Allegorie als einer Form der bloß begrifflichen Darstellung definiert GOETHE das Symbol als lebendige Vergegenwärtigung einer Idee im Bild.

Die Symbolik verwandelt die Erscheinung in Idee, die Idee in ein Bild, und so, daß die Idee im Bild immer unendlich wirksam und unerreichbar bleibt und, selbst in allen Sprachen ausgesprochen, doch unaussprechlich bliebe.[70]

GOETHES komplexer Symbolbegriff zeichnet sich durch einen doppelten Transformationsprozess aus. In einem ersten Schritt wird die empirische Erscheinung in eine geistige Idee verwandelt, während in einem zweiten Schritt die Idee in ein anschauliches Bild überführt wird, das nun als Stellvertreter der Idee fungiert. Als **unaussprechlich** bezeichnet GOETHE den Zusammenhang zwischen Idee und Bild, da sich die geistige Bedeutung der Idee als Ausdruck des Allgemeinen im Bild als einem besonderen Zeichen nicht erschöpft. Für GOETHES Sprachauffassung ist das Symbol deshalb von entscheidender Bedeutung, weil es als bildliche Darstellung der Idee eine Vermittlerfunktion zwischen den getrennten Bereichen des Besonderen (der empirischen Erscheinung) und des Allgemeinen (der Idee) einnimmt.

Das ist die wahre Symbolik, wo das Besondere das Allgemeine repräsentiert, nicht als Traum und Schatten, sondern als lebendig-augenblickliche Offenbarung des Unerforschlichen.[71]

Als eine **lebendig-augenblickliche Offenbarung des Unerforschlichen** bezeichnet GOETHE die Symbolik, da im symbolischen Zeichen die Erscheinung über sich hinausgeht und einen allgemeinen Zusammenhang vergegenwärtigt, der im Medium des Besonderen repräsentiert wird, ohne aber begrifflich bestimmt werden zu können. Das Symbol nennt mit anderen Worten als lebendige Vergegenwärtigung der unendlichen Idee im anschaulichen Bild die Art und Weise, wie das Allgemeine im Besonderen dargestellt werden kann.

So abstrakt diese Defintion des Symbols auf den ersten Blick klingen mag, so sehr hat sie in ihrer konkreten Anwendung Eingang in GOETHES Dichtung und in besonderer Weise auch in die *IPHIGENIE* gefunden. Das Kultbild der Göttin Diana ist in diesem Zusammenhang ein Paradigma der symbolischen Darstellung. Durch die bildliche Repräsentation wird die Göttin nicht real vergegenwärtigt, sondern die Idee eines Göttlichen, das über die anschauliche Darstellung im Bild hinausgeht. In diesem Sinne begreift Iphigenie das Bild der Götter dann auch in einem spezifisch symbolischen Sinne als den lebendigen Ausdruck des Göttlichen im Menschen und nicht als deren abstrakte Verbildlichung im kultischen Gegenstand.

Damit gibt die Theorie des Symbols zugleich einen Leitfaden für die Interpretation der *IPHIGENIE*. Vor dem Hintergrund von GOETHES Verständnis des Symbols als einer augenblicklichen Offenbarung der Idee erscheint die Gesamtintention des Dramas als eine Form der Stellvertretung der Götter durch den Menschen. Indem Iphigenie zum Schluss an die Stelle des Kultbildes tritt, das Symbol der Göttin mithin durch den Menschen ersetzt wird, wird der geistige Zusammenhang, den das Göttliche repräsentiert, in den Bereich des Menschen übertragen. Die abschließende Stellvertretung der Göttin durch den Menschen ist demnach selbst symbolisch zu verstehen: Nicht nur ersetzt Iphigenie Diana, vielmehr löst die Idee der entsühnenden Menschlichkeit, die Iphigenie repräsentiert, die Idee des Göttlichen ab, die bisher an die Notwendigkeit des Menschenopfers gebunden war. Symbolisch ist das Drama insgesamt zu verstehen: als der lebendige Zusammenhang zwischen dem Besonderen und dem Allgemeinen, als Ausdruck der Idee von Wahrheit und Menschlichkeit im Medium der Dichtung.

5.5.2 Leitmotive und Symbolik

Im Zusammenhang mit der Bedeutung des Symbolischen für GOETHES Sprachauffassung wird der Text nicht nur durch die strenge Form der klassischen Tragödie und die symmetrische Figurenkonstellation zusammengehalten, sondern auch durch ein dicht vernetztes System von Leitmotiven, das dem Drama sein inneres Gefüge gibt. Im Sinne des oben erläuterten Symbolbegriffs kommt den Leitmotiven dabei durchgängig eine **symbolische** Funktion zu: Sie stiften auf einer höheren Ebene den geistigen Zusammenhang, den GOETHES Drama zur Darstellung bringt.

Das zentrale und auch häufigste Leitmotiv der *IPHIGENIE* ist das des *Bandes*. Mit dem Symbol des Bandes hält GOETHE vor allem die mythische Abhängigkeit der Tantaliden von ihrer schicksalhaften Vergangenheit fest. In diesem Sinne sind die Banden und Fesseln das Zeichen für eine fundamentale Form der Unfreiheit, die zum Schluss des Dramas aufgehoben wird.

Fundstellenverzeichnis:

22 wo Sich Mitgeborene [...] mit sanften Banden aneinander knüpften.
29 Wie eng gebunden ist des Weibes Glück!
34 In ernsten, heil'gen Sklavenbanden fest
72 Und wie mit Eisenbanden bleibt die Seele [...] dir geschmiedet
80 da sich kaum die Seele An Vater, Mutter und Geschwister band
85 Von den Geliebten, riß das schöne Band
300 Vom alten Bande löset ungern sich Die Zunge los
331 es schmiedete Der Gott um ihre Stirn ein ehern Band
446 Und ich [...] hätte mich wider ihren Willen hier gefesselt
469 Hält vom Verräter sie kein heilig Band
487 Du wähnest [...] ein näher Band werd uns zum Glück vereinen
514 wie mit Zauberbanden Gefesselt
589 dort bindet alle dann Ein gleiches Geschick in ew'ge matte Nacht
926 Unglückliche, ich löse deine Bande
986 Bist du mit nähern Banden ihm verbunden
1013 Die schönste Bande Der Freundschaft um den Angekommenen knüpfte
1122 Mein Schicksal ist an deines fest gebunden
1309 es haben die Übermächt'gen Der Heldenbrust grausame Qualen Mit ehern Ketten fest aufgeschmiedet
1330 So lös ihn von den Banden jenes Fluchs.
1949 Ich werde sie gebunden vor mir sehn!
2117 Die strengen Bande Sind nun gelöst

Im Gesamtkontext des Dramas repräsentiert das Band jede Form der Unfreiheit, mit der die Protagonisten konfrontiert werden. In besonderem Maße ist die Metaphorik des Bandes auf die Geschichte des Fluches bezogen, der über die Tantaliden verhängt worden ist: Als Zeichen des verhängnisvollen Geschicks bedroht es die Geschwister, indem es sie an die unheilvolle Vergangenheit und die Untat ihres Urahn Tantalus fesselt. Das Band zeigt nicht nur, dass Iphigenie und Orest in schicksalhafter Weise an die Vergangenheit gekettet sind: Den Tantaliden ist **um die Stirn ein ehern Band** (331) geschmiedet, die Brust ist durch **ehern Ketten aufgeschmiedet** (1309), wobei das Eherne in Anspielung auf das Schicksal des Prometheus das titanische Element ihrer Existenz nennt. Das Band nennt aber auch eine glückliche Form der Verbundenheit: **Mit sanften Banden** (22) sieht sich Iphigenie an die Eltern gefesselt, **das schöne Band** (85) zu ihnen riss, **die schönste Bande der Freundschaft** (1013) knüpft sich zwischen Orest und Pylades, während Thoas hoffte Iphigenie durch **ein näher Band** (487) mit sich zu einen. Die genannten Beispiele behalten ihren Bezug zu der eigentümlichen Bedeutung des

Bandes als Symbol der Unfreiheit und schicksalhaften Verflochtenheit mit der Vergangenheit. So zeigt sich im Drama insbesondere an der Figur der Iphigenie, dass jede Form der Bindung, sei es die an die Göttin, an den König, an Freunde oder an die Familie, für die Tantaliden eine verhängnisvolle Bedeutung erlangen kann. Dass sich zum Schluss offenbart, **die strengen Bande sind nun gelöst** (2118), weist damit nicht nur darauf hin, dass die schicksalhafte Vergangenheit endgültig überwunden ist. Es besagt auch, dass nun neue Formen der Bindung möglich sind, die nicht mehr von den ehern Fesseln überschattet sind, die den Tantaliden einst um Stirn und Brust geschmiedet wurden.

Im Falle Orests wird die Metaphorik des Bandes als Symbol der schiksalhaften Verbundenheit mit der Vergangenheit noch durch die des *Blutes* ergänzt, das ihn an die Tat des Muttermordes kettet, nun aber zusätzlich droht, Iphigenie zu beflecken, die den eigenen Bruder opfern soll.

Fundstellenverzeichnis:

105	ein blutig Opfer
124	sein Leben blutend läßt
130	der blut'gen alten Opfer
427	Sie wollte nicht mein Blut
523	Der mißversteht die Himmlischen, der sie blutgierig wähnt
549	O enthalte vom Blut meine Hände!
576	Soll ich […] Als Opfertier im Jammertode bluten
582	ihr Unterird'schen, Die nach dem Blute ihr […] spürend jetzt
752	Mit Mutterblut besprengten Pfade
782	Die fromme Blutgier löst den alten Brauch Von seinen Fesseln los
836	Um der Blutschuld willen treibt Die Furie gewaltig ihn umher
913	Ein blutig Opfer für der Griechen Heil
979	wie ist Symbolik und Leitmotivik dem Tage Des Bluts entgangen?
998	Vergoß sie reuig wütend selbst ihr Blut?
999	Nein, doch ihr eigen Blut gab ihr den Tod
1028	Wo eine alte Spur des frech Vergoßnen Blutes
1052	Wie gärend stieg aus der Erschlagnen Blut der Mutter Geist
1090	Es rauche bis zum Meer hinab mein Blut
1161	Hat das Geleit der Schreckensgötter so das Blut in deinen Adern aufgetrocknet?
1164	O wenn vergoßnen Mutterblutes Stimme […] ruft
1432	Der ältste dieser Männer trägt die Schuld des Nahverwandten Bluts
1919	wie Amazonen […] mit Blute Die Unterdrückung rächen?

Das Blut benennt die Schuld, die Orest mit dem Muttermord auf sich geladen hat. In diesem Sinne dient es den Erinnyen als untrügliche Fährte zu Orest. Dem **Mit Mutterblut besprengten Pfade** (752) folgen die Erinnyen, **die nach dem Blut ihr spürend jetzt** (582). In eine innere Kontinuität zu dem Mord seines Vaters wird der Muttermord gestellt, insofern Orest durch **eine alte Spur des frech / Vergossnen Blutes** (1028) zu seiner Tat verleitet wurde. Das Blut nennt mithin die ungesühnte Kontinuität des Schuldzusammenhangs, der über den Tantaliden schwebt. In diesem Zusammenhang weist das Symbol des Blutes auch darauf hin, dass Orest in einem ganz anderen Maße als seine Schwester mit dem Fluch verbunden ist: **Es rauche bis zum Meer hinab mein Blut** (1090), mit diesen frevelhaften Worten fordert Orest einen Tod, der ihn endgültig der Schuld anheim gibt.

Im Unterschied zu ihrem Bruder sucht sich Iphigenie vom Blut und damit von der Schuld rein zu halten: **O enthalte vom Blut meine Hände!** (549) Damit offenbart sich die entscheidende Differenz zwischen den Geschwistern. Während Orest den Fluch im eigenen Untergang vollenden will, sucht seine Schwester nach einer Lösung, die die Tantaliden von der Schuld der Vergangenheit befreit ohne sie in neue Schuld zu verstricken.

Die Differenz der Geschwister spiegelt sich auch in der Metaphorik des Textes wider. Während Orest von einem inneren *Feuer* verzehrt wird, ist das reine kühlende *Wasser* das Element der Iphigenie.

Fundstellenverzeichnis:

139 wenn von deinem Wesen Auf Tausende hinab ein Balsam träufelt.
141 des neuen Glücks ew'ge Quelle
657 wie ein verpesteter Vertriebner
754 Es trockne gnädig Die Quelle, die, mir aus der Mutter Wunden Entgegensprudelnd, ewig mich befleckt
1023 Sie bläst der Rache Feuer in ihm auf
1090 Es rauche bis zum Meer mein Blut
1142 Durch Rauch und Qualm seh ich den matten Schein des Totenflusses mit zur Hölle leuchten
1150 sie blasen Mir schadenfroh die Asche von der Seele
1151 daß sich die letzten Kohlen Von unseres Hauses Schreckensbrande still in mir verglimmen. Soll die Glut denn ewig, vorsätzlich angefacht, mit Höllenschwefel Genährt, mir auf der Seele marternd brennen?
1156 O laß den reinen Hauch der Liebe dir Die Glut des Busens leise wehend kühlen.
1176 Wie von Kreusas Brautkleid zündet sich Ein unauslöschlich Feuer von mir fort.
1196 Denn es quillet heller Nicht vom Parnaß die ew'ge Quelle sprudelnd
1235 Wie sich vom Schwefelpfuhl erzeugte Drachen
1345 den lang erflehten Regen
1351 Wenn in den Tropfen frisch erquickter Blätter
1661 Daß von der Asche des verloschnen Herdes Die Vatergötter sich erheben

Während Orests Vorstellungswelt vollständig von Feuer und Asche, den Insignien der Hölle, beherrscht wird, ist die Heilung des Muttermörders von der Schuld durch einen signifikanten metaphorischen Umschlag im Text dokumentiert. Die Gegenwart der Schwester, von deren Seele **Balsam träufelt** (139), evoziert kühlendes Wasser, **lang erflehter Regen** (1345), **Tropfen frisch erquickter Blätter** (1351). Im Vergleich zum schuldbeladenen Bruder symbolisiert das Element des Wassers die Reinheit der Iphigenie. Goethe stellt den psychischen Prozess von Schuld und Entsühnung durch die Symbolik von Feuer und Wasser damit in einen Naturzusammenhang. Das Feuer, das den Muttermörder verzehrt, erlischt im reinigenden Geist der Schwester. Orests Heilung erfolgt auf eine fast natürlich zu nennende Weise, eine kühlende Quelle wäscht ihn von seiner inneren Schuld los. Die läuternde Kraft des Wassers, die Iphigenie zugeordnet ist, setzt sich gegen das Höllenfeuer, das Orest bedroht, durch.

Der Ambivalenz von Feuer und Wasser gleichgeordnet ist die Entgegensetzung von *Schatten und Sonne.* Der Schatten symbolisiert in diesem Zusammenhang sowohl den Tod als auch eine grundsätzlich verfehlte Existenzmöglichkeit, während die Sonne den Zusammenhang von Lebensfreude und Glück festhält.

Fundstellenverzeichnis:

1 Heraus in eure Schatten [...] Tret ich noch jetzt mit schauderndem Gefühl
19 Nach seines Vaters Halln, wo die Sonne Zuerst den Himmel [...] aufschloß
90 Selbst gerettet, war Ich nur ein Schatten mir
108 Gleich einem Schatten um sein eigen Grab
390 So wendete die Sonn' ihr Antlitz weg
573 Dem schönen Licht der Sonne zu entsagen.
597 Ich bin noch nicht [...] bereit, [...] in jenes Schattenreich hinabzugehen.
694 Wir eilen immer ihrem Schatten nach
1005 Ins klanglos dumpfe Höhlenreich der Nacht
1115 wie den Schatten Des abgeschiedenen Freundes
1223 So mag die Sonne denn Die letzten Greuel unsers Hauses sehn!
1232 habe die Sonne nicht zu lieb [...] Komm folg mir ins dunkle Reich hinab!
1263 bald fließet still mein Geist [...] zu euch ihr Schatten
1278 Verlosch die Rache wie das Licht der Sonne?
1334 wir sind nicht leere Schatten.
1352 Die neue Sonne tausendfach sich spiegelt
1620 Wie sich die Blume nach der Sonne wendet
1635 Wie leichte Wolken vor der Sonne

Der Schatten nennt das **dunkle Reich** des Todes (1232), das Schattenreich des Hades, in das Orest mit Iphigenie eingehen möchte. In der Eingangspassage zeigt sich, dass Iphigenie ihr Leben auf Tauris als eine

Schattenexistenz empfindet, dem die Sonne der Heimat entgegensteht. Schatten und Sonne repräsentieren in diesem Sinne Scheitern und Gelingen, Tod und Leben.

Die Symbolik von Schatten und Sonne gewinnt eine zusätzliche Bedeutung vor dem mythischen Hintergrund des Dramas. Das Geschlecht der Tantaliden geht der Sage nach auf Zeus, den Vater des Lichtes, und Pluto, der Göttin der Unterwelt, zurück. Die Geschwister bewegen sich daher schon durch die Geschichte ihrer Herkunft in einer inneren Spannung zwischen dem Licht der Sonne und der Nacht der Unterwelt, zwischen der väterlichen und der mütterlichen Seite ihrer mythischen Vorfahren. In diesem Sinne ist die Vorstellung des Hades für Orest mit der Mutter und den Erinnyen verknüpft, während Iphigenie sich vor allem an den patriarchalischen Lichtgöttern des Olymps orientiert. Mit der Entsühnung der Tantaliden und der dadurch erreichten Umwandlung von mythischer Abhängigkeit in Freiheit zeigt das Drama auch den symbolischen Sieg der Sonne über den Tod, des Lichtes über den Schatten und verpflichtet sich auch darin den Ideen der Aufklärung.

Wie die Interpretation des Stückes an verschiedenen Stellen bereits gezeigt hat, ist eines der wichtigsten Leitmotive der *Iphigenie* die Instanz des *Herzens.* Das Herz symbolisiert in diesem Zusammenhang vor allem das Prinzip der Innerlichkeit und die Sphäre des Gefühls, auf die sich Iphigenie, und in anderer Weise auch Orest, berufen.

Fundstellenverzeichnis:

304 Des tiefen Herzens sichre Wohnung
493 Es spricht kein Gott; es spricht dein eignes Herz
463 Tu, was dein Herz dich heißt
494 Sie reden nur durch unser Herz zu uns
571 dem eine Götterhand Das Herz zusammendrückt
774 Ein reines Herz […] Bringt sie den Göttern dar
947 das innre Herz
1358 Es löset sich der Fluch, mir sagt's das Herz!
1516 Meinen Bruder Ergriff das Herz mit eigner Gewalt
1648 Allein mein eigen Herz ist nicht befriedigt
1652 Ganz unbefleckt genießt sich nur das Herz
1810 Wenn dir das Herz zum grausamen Entschluß Verhärtet ist
1838 Es scheinen die Gefangenen dir sehr nah Am Herzen
1844 Löst die Erinnerung des gleichen Schicksals Nicht ein verschloßen Herz zum Mitleid auf?
1968 Laß mich mit reinem Herzen […] unser Haus entsühnen
2093 Soll ich das innre Jauchzen meines Herzens Dir […] nennen?

Das Herz nennt die entscheidende Vermittlungsinstanz zwischen Menschen und Göttern. Die Götter **reden nur durch unser Herz zu uns**

(494), behauptet Iphigenie an exponierter Stelle um das Einverständnis zwischen Mensch und Gott auszudrücken. Dabei zeigt sich jedoch auch, dass Orest und Iphigenie auf je verschiedene Weise auf die Instanz des Herzens bezogen sind. Während Orest **eine Götterhand / Das Herz zusammendrückt** (571) und damit in die tiefste Verzweiflung stürzt, wird Iphigenie wiederholt als ein **reines Herz** (774, 1968) bezeichnet, das gerade durch die innere Reinheit der Entsühnung fähig ist: **Laß mich mit reinem Herzen [...] unser Haus entsühnen** (1968). Das Symbol des Herzens meint damit nicht nur die Verinnerlichung des Göttlichen, die GOETHES Drama im Vergleich zu der griechischen und der französischen Vorlage auszeichnet. Im Kontrast zu den pragmatischen Verstandesmenschen Arkas und Pylades nennt das Herz zugleich den Komplex von Affekt, Anschauung und Intuition, der sich im Lauf des Dramas zunehmend als der Vernunft überlegen erweist. So ist es in der Tat die Reinheit des Herzens, die Iphigenie schließlich die Entsühnung ihres Hauses erlaubt. Steht GOETHES *IPHIGENIE* auch durch das Thema der Autonomie des Menschen eindeutig in der Tradition der Aufklärung, so entzieht sie sich doch dem philosophischen Diktat der Vernunft um das Herz als die eigentliche Instanz der Menschlichkeit geltend zu machen.

Abschließend ist das Motiv des *Bildes* zu erwähnen, das im Zusammenhang mit der Frage nach dem Verhältnis von Göttern und Menschen von zentraler Bedeutung ist. Wie oben bereits erwähnt, vollzieht sich im Symbol des Bildes die Stellvertretung von Menschen und Göttern, die das Drama in entscheidender Weise bestimmt.

Fundstellenverzeichnis:

617 ein Ebenbild Des Vaters
864 So seid ihr Götterbilder auch zu Staub!
945 das Bild der Helden, Die ich von Eltern her verehren lernte
1096 Wie ungeheuer steht dein Bild vor mir!
1438 Der Göttin Bild mit frischer Welle netzend
1563 Ich bin allein genug, der Göttin Bild [...] wegzutragen
1709 das [...] viel verehrte Bild Zu rauben
1717 Und rettet euer Bild in meiner Seele!
1891 Sie haben wohl Der Rückkehr schönes Bild in dir erneut?
1929 das Bild Dianens wegzurauben
2100 das heil'ge Bild der Göttin mir zu rauben
2127 Gleich einem heil'gen Bilde, [...] Nahm sie dich weg

Das Symbol des Bildes taucht zum größten Teil im Zusammenhang mit dem Kultbild der Göttin Diana auf. In diesem Sinne meint es in der Stellvertretung der Götter zugleich die Notwendigkeit des Opfers, die Thoas postuliert, Iphigenie hingegen abstreitet. Im Laufe des Dramas verlagert sich die Bedeutung des Bildes jedoch immer mehr auf die Seite

Iphigenies. Das Kultbild wird zu einer inneren Repräsentation des Göttlichen, zu dem **Bild in meiner Seele** (1717), wie Iphigenie an entscheidender Stelle ausruft. In letzter Konsequenz erscheint daher Iphigenie selbst als Trägerin des Göttlichen, das im Bilde zum Ausdruck kommt. In der äußersten Radikalisierung der biblischen Gottgleichheit des Menschen wird Iphigenie zum lebendigen Abbild der Götter. **Gleich einem heil'gen Bilde** (2127) erkennt sie Orest in der abschließenden Deutung des Orakels, das die Ablösung der Götter durch die Menschen in symbolischer Weise vollzieht.

5.6 Sprache und Stil

Goethes Schauspiel *Iphigenie auf Tauris* entspringt dem Versuch Altes und Neues, den Geist der griechischen Tragödie und den der modernen Subjektivität, in Einklang zu bringen. Dem harmonischen Ganzen, das die *Iphigenie* inhaltlich erreicht, entspricht formal ein Sprachgestus, der sich durch eine kunstvolle Rhythmisierung bewusst von der Prosa des Alltags entfernt. Wie Adorno hervorgehoben hat, schlägt sich die innere Reinheit, die Iphigenie auszeichnet, in der reinen Sprache der Dichtung nieder. **Der Stil des Werkes ist der alles durchdringende Äther seiner Sprache.**[72] Das stilistische Hauptmerkmal der *Iphigenie* ist in dieser Hinsicht das Versgewand, das Goethe dem Werk im Unterschied zu seinen früheren Dramen verliehen hat.

5.6.1 Metrische Formen

Goethes Dramen des Sturm und Drang und insbesondere die an Shakespeare orientierten Tragödien *Götz von Berlichingen* und *Egmont* sind in einer freien Prosaform geschrieben, die sich in erster Linie an ein Lesepublikum richtete. Im Unterschied zu den früheren Stücken war die *Iphigenie* jedoch unmittelbar zur Aufführung am Weimarer Hofe bestimmt. Goethe orientierte sich daher formal an dem vom zeitgenössischen Geschmack geforderten klassischen Modell der französischen Tragödie, das sich zum einen durch die drei Einheiten von Handlung, Zeit und Ort auszeichnete, zum anderen aber eine einheitliche Versform forderte, die dem erhabenen Stil der Tragödie angemessen war. Goethe sah sich daher gezwungen, die ursprüngliche Prosafassung der *Iphigenie* zu überarbeiten und in ein neues Versgewand zu kleiden.

Zugleich erkannte er jedoch, dass die französische Tragödie dem deutschen Schauspiel nicht ohne Einschränkungen Vorbild sein konnte. Während er die Forderungen nach den drei Einheiten relativ vorbehaltlos übernehmen konnte, erforderte die Aufgabe einer umfassenden Rhythmisierung des Dramas eine eigene Lösung, die sich vom französischen Modell unterschied und damit zugleich der deutschen Klassik den Weg ebnete. Im Unterschied zur französischen Tragödie, die im Alexandriner, einem gereimten zwölfsilbigen Vers mit Betonung auf der sechsten und zwölften Silbe und Zäsur nach der sechsten Silbe, verfasst war, wählte GOETHE für die *IPHIGENIE* den Blankvers, einen reimlosen fünffüßigen Jambus, der ihm eine größere Freiheit in der Darstellung erlaubte.

GOETHES Entscheidung für den Blankvers war durch zweierlei Vorbilder beeinflusst. Zum einen hatte LESSING mit seinem Drama *NATHAN DER WEISE* und SCHILLER mit dem *DON CARLOS* den Blankvers auf der deutschen Bühne bereits bekannt gemacht. Neben LESSING und SCHILLER war es aber vor allem KARL PHILIPP MORITZ, der in seinem *VERSUCH EINER DEUTSCHEN PROSODIE* der Ersetzung des Alexandriners durch den fünffüßigen Jambus eine theoretische Grundlage gab. MORITZ wies in seinem Werk auf den an sich einfachen, von allen bisherigen Dichtungstheorien aber übersehenen Sachverhalt hin, dass **unsre Sprache wirklich eigentliche Längen und Kürzen und nicht bloß Höhen und Tiefen habe.**[73] MORITZ machte damit darauf aufmerksam, dass im Deutschen eine Silbe je nach ihrer Betonung lang oder kurz gesprochen wird, sodass die Einteilung des Verses allein nach der Silbenzahl ohne Beachtung des Silbenmaßes, wie es im Alexandriner der Fall ist, sinnlos sei. GOETHE machte sich die Einsichten MORITZENS zunutze und gab seiner Tragödie endgültig ihr für spätere Zeiten vorbildliches klassisches Gewand, indem er die *IPHIGENIE* nicht in den französischen Alexandriner setzte, sondern in den jambischen Blankvers, der der deutschen Sprache angemessener ist. Die ursprüngliche Prosafassung wich somit einer jambischen Versfassung, wie ein Vergleich der beiden Fassungen deutlich macht.

> **Prosafassung:**
> **Heraus in eure Schatten, ewig rege Wipfel des heiligen Hains, hinein ins Heiligtum der Göttin, der ich diene, tret' ich mit immer neuem Schauer und meine Seele gewöhnt sich nicht hierher!**

> **Versfassung:**
> **Heraus in eure Schatten, rege Wipfel**
> **Des alten, heil'gen, dicht belaubten Haines**
> **Wie in der Göttin stilles Heiligtum,**
> **Tret ich noch jetzt mit schauderndem Gefühl,**
> **Als wenn ich sie zum ersten Mal beträte,**
> **und es gewöhnt sich nicht mein Geist hierher.**

Die Rhythmisierung der ursprünglichen Prosafassung hat eine doppelte Funktion. Zum einen stellt sie das Drama in den politischen Kontext des Hofes, der schon die französische Tragödie bestimmte. Durch die bewusste Stilisierung der Sprache bekommt die *Iphigenie* im Vergleich zu Goethes früheren Stücken den Charakter eines höfischen Dramas, dem auch entspricht, dass mit Thoas, Iphigene und Orest Repräsentanten des Fürstentums die Hauptpersonen ausmachen. Darüber hinaus aber verweist die Versfassung das Schauspiel ausdrücklich in den Bereich der reinen Kunst. Die Sprache der Tragödie entfernt sich endgültig von der Prosa des Alltags und macht darin die Autonomie des dichterischen Kunstwerkes sichtbar. Das Ideal der klassisch-harmonischen Sprache verwirklicht der Blankvers in besonderer Weise durch den gleichmäßigen und getragenen Wechsel von Hebungen und Senkungen, der dem Vers einen inneren Fluss verleiht, zugleich aber jenen Ernst, der die Tragödie im Unterschied zu anderen Gattungen auszeichnet.

Gerade der gleichmäßige Gang des Blankverses erlaubt es Goethe aber, signifikante Stellen des Dramas durch einen metrischen Wechsel hervorzuheben. Besonders augenfällig ist in diesem Zusammenhang, dass Goethe an einigen, meist am Ende oder Anfang eines Aktes stehenden Partien eine lyrische Form wählt, die in ihrer zumeist ungebundenen Form an seine frühen Weimarer Hymnen erinnert.

Du hast Wolken, gnädige Retterin,
Einzuhüllen unschuldig Verfolgte,
Und auf Winden dem ehern Geschick sie
aus den Armen, über das Meer,
Über der Erde weiteste Strecken,
Und wohin es dir gut dünkt, zu tragen [...]
(538–543, freie Rhythmen, Anklänge an den Trochäus)

Denken die Himmlischen
Einem der Erdgebornen
Viele Verwirrungen zu,
Und bereiten sie ihm
Von der Freude zu Schmerzen
Und von Schmerzen zur Freude
Tief-erschütternden Übergang [...]
(1369–1375, 1373–174 im Anapäst)

Es fürchte die Götter
Das Menschengeschlecht!
Sie halten die Herrschaft
In Ewigen Händen,
Und können sie brauchen,
Wie's ihnen gefällt.
(1726–1731, daktylisch)

Durch die freien Rhythmen der lyrischen Partien, die eher an Pindar als an die griechischen Tragiker erinnern, gewinnt GOETHES *IPHIGENIE* einen lyrischen Charakter, der sich in besonderer Weise in der Protagonistin des Stücks verwirklicht. Bemerkenswert ist, dass sämtliche lyrische Passagen Iphigenie vorbehalten sind. Formal scheinen die lyrischen Passagen dabei im Vergleich zu der griechischen Tragödie den Chor, der bei GOETHE wie bei fast allen modernen Adaptionen antiker Stoffe wegfällt, ein Stück weit zu ersetzen. Zugleich jedoch verleiht der lyrische Ton der Tragödie einen subjektiven, durch den modernen Geist der Innerlichkeit bestimmten Zug. Gerade die lyrisch-subjektive Färbung der Tragödie zeigt, dass das Verhältnis von Menschen und Göttern in der *IPHIGENIE* im Unterschied zum griechischen Vorbild ganz in den Geist der Protagonistin verlegt wird. Die reine Innerlichkeit der Iphigenie wird sprachlich von der Ablösung des Tragischen durch das Lyrische unterstrichen: In ihr verwirklicht sich der Geist der modernen Subjektivität, den schon SCHILLER und Hegel GOETHES Drama zusprachen.

Neben den lyrischen werden aber auch andere bedeutsame Passagen durch einen metrischen Wechsel hervorgehoben. So zeigt sich die Unsicherheit Iphigenies gegenüber Thoas, dem sie Auskunft über die Gefangenen geben soll, in einem Stocken der Sprache, das dem bisherigen freien Versfluss vollkommen entgegengesetzt ist und gerade darum Aufmerksamkeit erweckt. **Sie sind – sie scheinen – für Griechen halte ich sie.** (1889) Die Tatsache, dass Iphigenie dreimal ansetzen muss, um ihren Satz zu beenden zeigt, in welchen inneren Nöten sie steckt. Die Sprache erscheint hier als unverzerrter Spiegel des Inneren, wobei sich gerade in dem Zusammenstimmen von innerem Gemüt und nach außen gerichteter Sprache der klassische Geist der Tragödie offenbart.

5.6.2 Stilistische Mittel

Neben der Rhythmisierung hat GOETHE zahlreiche Mittel genutzt um sein Drama in die Tradition der antiken Tragödie zu stellen. Im Vergleich zur prosaischen Alltagssprache verdankt sich die *IPHIGENIE* einer bewusst stilisierten Kunstsprache, die dem hohen Geist der Tragödie angemessen sein soll. Zu den auffälligsten Merkmalen des **gräzisierenden** Schauspiels zählen Wortbildungen, die unmittelbar dem Griechischen nachgebildet sind: **Mitgeborene** (21), die **umgewandten Mauern** (47) oder **der Menschen weit verbreitete Geschlechter** (554 f.). All diese Ausdrücke hat GOETHE in direkter Übersetzung dem Griechischen entlehnt um seiner Bearbeitung ein antikes Gewand zu verleihen.

Darüber hinaus greift er häufig auf ein altertümlich wirkendes Vokabular zurück: der Wald wird zum **Hain,** Arkas als Bote des Königs **beut /**

Der Priesterin Dianens Gruß und Heil (54–55). Zu den Kunstgriffen Goethes zählt neben den bereits genannten Stilmitteln auch die Tendenz intransitive Verben transitiv zu gebrauchen: **Ich denke nicht den Tod** (601) erklärt Pylades Orest, und Iphigenie erinnert sich ihres Ahnen: **Es horcht der Verbannte […] die Lieder, / Denkt Kinder und Enkel.** (1762) All diese Stilmittel tragen dazu bei, der Tragödie einen antik-erhabenen Ton zu geben, der allerdings unter den Lesern und Zuschauern des Stückes nicht nur Zustimmung gefunden hat. Die Wortwahl Goethes wirkte auch in ihrer Zeit künstlich gewollt: Iffland monierte die **sonderbare Wortfügung, seltsame Wortschaffung**[74] und Bodmer kritisierte: **Die Personen reden in Sentenzen zur Zeit und zur Unzeit; und sie kleiden die geläufigsten Lebensregeln in Sprüche.**[75] Darin zeigt sich auch, dass Goethe mit der *Iphigenie* sprachlich etwas Neues begonnen hat, mit dem seine Zeitgenossen noch nicht vertraut waren. In der Übereinstimmung von Form und Gehalt – der Reinheit der Sprache als Spiegel der Reinheit Iphigenies – verwirklicht Goethe ein Ideal der Sprache, das zum Vor- und Urbild des Klassischen geworden ist.

Die sprachlichen Mittel, derer sich Goethe in der *Iphigenie* bedient, können an einer exemplarischen Textanalyse verdeutlicht werden. Hierzu bietet sich aufgrund seiner inhaltlich wie formal zentralen Stellung die dritte Szene im fünften Aufzug, das Gespräch zwischen Thoas und Iphigenie an.

Thoas: Du glaubst, es höre
Der rohe Skythe, der Barbar, die Stimme
Der Wahrheit und der Menschlichkeit, die Atreus,
Der Grieche, nicht vernahm?
Iphigenie: Es hört sie jeder,
Geboren unter jedem Himmel, dem
Des Lebens Quelle durch den Busen rein
und ungehindert fließt. – Was sinnst du mir,
O König, schweigend in der tiefen Seele?
Ist es Verderben? so töte mich zuerst!
[…]
Weh! Ich werde sie
Gebunden vor mir sehn! Mit welchen Blicken
Kann ich von meinem Bruder Abschied nehmen,
Den ich ermorde? Nimmer kann ich ihm
Mehr in die vielgeliebten Augen schaun!
[…]
Thoas: Unwillig, wie sich Feuer gegen Wasser
Im Kampfe wehrt und gischend seinen Feind
Zu tilgen sucht, so wehret sich der Zorn
In meinem Busen gegen deine Worte.

Iphigenie: O laß die Gnade, wie das heil'ge Licht
Der stillen Opferflamme mir, umkränzt
Von Lobgesang und Dank und Freude, lodern.
Thoas: Wie oft besänftigte mich diese Stimme!
Iphigenie: O reiche mir die Hand zum Friedenszeichen!
Thoas: Du forderst viel in einer kurzen Zeit.
Iphigenie: Um Guts zu tun, braucht's keiner Überlegung.
Thoas: Sehr viel! denn auch dem Guten folgt das Übel.
Iphigenie: Der Zweifel ist's, der Gutes böse macht.
Bedenke nicht, gewähre, wie du's fühlst. (1937–1992)

Das Gespräch zwischen Thoas und Iphigenie thematisiert an zentraler Stelle den entscheidenden Aspekt des Dramas, die Bedeutung von Wahrheit und Humanität. Der Begriff der Menschlichkeit, den Iphigenie vertritt, nimmt dabei für sich in Anspruch, den kulturellen Gegensatz zwischen Griechen und Barbaren außer Kraft zu setzen. Entscheidend ist in diesem Zusammenhang, dass es nicht Iphigenie selbst ist, die von der **Stimme der Wahrheit und der Menschlichkeit** spricht, sondern Thoas. Erst durch die Vermittlung des angeblichen Barbaren wird die Menschlichkeit ausdrücklich – allerdings in der Form einer Frage – zum Thema des Dramas. Damit zeigt sich bereits, dass Thoas für Iphigenie kein einfältiger Barbar ist, den es auf die eine oder andere Weise zu überlisten gilt, sondern ein gleichberechtigter Gesprächspartner.

Dass Thoas sich durch eine innerliche Reflektiertheit auszeichnet, die dem Status des Barbaren kaum entspricht, zeigt sich in besonderer Weise an der sprachlichen Form seiner Frage. Das komplexe Verhältnis von Griechen und Barbaren wird durch den hypotaktischen Satzbau unterstrichen. Den Gegensatz von Barbaren und Griechen stellt bereits die parallele Satzführung in Frage. Jeweils durch eine Apposition erläutert, stehen sich der **rohe Skythe, der Barbar,** und **Atreus, der Grieche,** gleichberechtigt im Satz gegenüber. In ihrer Mitte eingebettet ist **die Stimme / Der Wahrheit und der Menschlichkeit** als mögliches verbindendes Element der beiden gegensätzlichen Pole. Die gleichmäßige jambische Versform unterstützt den Eindruck der Gleichberechtigung von Skythen und Griechen: **Der rohe Skythe, der Barbar,** und **Atreus, / Der Grieche,** sind auch metrisch in die gleiche Form gebunden. Die Tatsache, dass Thoas sich nicht selbst beim Namen nennt, sondern sich in ironischer Selbstdistanz aus der Perspektive des anderen heraus als rohen Barbaren kennzeichnet, zeigt deutlich, dass er in die herkömmliche Vorstellung des Wilden nicht hineinpasst. Durch die distanzierte Form seiner Frage zwingt er Iphigenie zugleich, Stellung zu beziehen und die Gleichberechtigung von Griechen und Barbaren anzuerkennen.

Iphigenies Antwort bestätigt den Anspruch der Humanität. Sprachlich ist sie ebenfalls im Jambus gefasst: **Es hört sie jeder, / Geboren unter jedem Himmel, dem / Des Lebens Quelle rein / Und ungehindert durch den Busen fließt.** Die jambische Form verleiht der Aussage Iphigenies eine Getragenheit und ein Pathos, das ihrer zentralen Bedeutung im Stück entspricht. Der Jambus betont darüber hinaus in doppelter Weise das **jeder,** bzw. **jedem,** um den Universalitätsanspruch der von Iphigenie vertretenen Humantität zu unterstreichen. Rhythmisch steht das Metrum auch in Übereinstimmung mit der Bewegung des Flüssigen, der Reinheit des Wassers, die Iphigenie im Drama verkörpert. Die Metapher der Quelle, die GOETHE antikisierend durch Umstellung des Genitivs formuliert – **Des Lebens Quelle** statt **die Quelle des Lebens** – wird durch den jambischen Redefluss gestützt und durch den poetisch-gehobenen Ausdruck **Busen** als Zeichen des inneren Gefühlsbereiches noch unterstrichen. Die Stimme der Wahrheit und der Menschlichkeit wird damit nicht nur in Übereinstimmung mit der zentralen Intention des Dramas in den Bereich des Inneren verwiesen, der sowohl Iphigenie als auch Thoas zukommt. Ihr Geltungsbereich wird zugleich eingeschränkt: die Stimme der Menschlichkeit vernimmt nur der, dessen Gefühl nicht getrübt ist. Der unerhörte Anspruch der Menschlichkeit verwirklicht sich demzufolge nicht im Bereich der menschlichen Vernunft, sondern durch ein sinnliches Vernehmen der Wahrheit, das Iphigenie für sich in Anspruch nimmt und auch Thoas gewährt, sofern dieser dazu bereit ist seiner inneren Stimme zu vertrauen.

Die anschließende Rede der Iphigenie ist rhetorisch ganz von der Antithese bestimmt. Bevor sich der Humanitätsanspruch durchsetzt, führt Iphigenie sich und Thoas das mögliche Scheitern ihrer Anstrengungen vor Augen. Sie zeigt dabei zugleich, dass die Entscheidung über Glück und Unglück ganz vom Skythenkönig abhängt: **Was sinnst du mir, / O König, schweigend in der tiefen Seele?** Das Verb **sinnen,** das eigentlich keine Objektergänzung kennt, bindet das Dativobjekt **mir** in den inneren Reflexionsprozess des Königs ein und zeigt, dass sich Iphigenie Thoas ganz überantwortet. Der Topos der tiefen Seele, der durch das Schweigen als dem angemessenen Ausdruck des Inneren ergänzt wird, stellt den Skythenkönig zugleich als einen tiefdenkenden Menschen dar. In geschickter Weise flicht Iphigenie in ihre Rede, die sich in rhetorischer Form als scheinbares Selbstgespräch an das schweigende Gegenüber richtet, Elemente einer Lobrede ein, die Thoas als einen besonnenen und gerechten König erscheinen lassen, der die rechte Entscheidung treffen wird. Die antithetische Darstellung des Schicksals der Griechen, die die zu erwartende Entscheidung imaginär vorlegt um Thoas durch die Schilderung des mit Sicherheit eintretenden Unglücks der Geschwister davon zu überzeugen, ihr Schicksal zum Guten zu wenden, nimmt durch die Angst Iphigenies, ihren Bruder **Gebunden** vor sich zu sehen, zugleich Bezug auf den Fluchzusammenhang, der im Drama durchgängig in der Metapher der Banden dargestellt wird. In Übereinstimmung mit dem Tantalidenfluch stellt sich Iphigenie hyperbolisch selbstanklagend als Mörderin Orests dar, wobei die **vielgeliebten Augen** des Bruders durch die Komposition wiederum an das Griechische erinnert.

Iphigenies Rede löst in Thoas einen inneren Konflikt aus, der metaphorisch durch den Widerstreit der Elemente Feuer und Wasser dargestellt wird: **Unwillig, wie sich Feuer gegen Wasser / Im Kampfe wehrt und gischend seinen Feind / zu tilgen sucht, so wehret sich der Zorn / In meinem Busen gegen deine Worte.** Thoas' Zorn wird mit dem Element des Feuers gleichgesetzt, Iphigenies Worte dagegen mit dem des Wassers. In einer paradoxen Formulierung ergänzt Thoas seinen Zorn jedoch attributiv durch **gischend:** Thoas' Feuer gischt. In diesem Oxymoron zeigt sich bereits, dass der Skythenkönig sich dem Wasser, der Macht Iphigenies beugt.

Die abschließenden Verse der Szene sind von der schnellen Wechselrede zwischen Iphigenie und Thoas bestimmt. Dabei greift Iphigenie gerade auf das Thoas zugeordnete Element des Feuers zurück um ihrer Hoffnung auf Versöhnung Ausdruck zu verleihen. **O laß die Gnade, wie das heil'ge Licht / Der stillen Opferflamme, mir, umkränzt / Vom Lobgesang und Dank und Freude lodern.** Während Thoas' Feuer durch Iphigenies Element des Wassers gebrochen wird, nimmt Iphigenies Antwort in chiastischer Verkehrung die Metaphorik des Feuers auf, um dessen destruktive Kraft zugleich zur **stillen Opferflamme** zu verwandeln. Damit zeigt sich nicht nur, dass das Verhältnis von Thoas und Iphigenie auf der metaphorischen Ebene des Textes von einem wechselseitigen Austausch bestimmt ist, der Feuer und Wasser, den Zorn des Thoas und die lindernden Worte der Iphigenie, jeweils in sein Gegenteil übergehen lässt. Auch die zivilisatorische Leistung Iphigenies wird durch die Verwandlung des zornigen Feuers in die stille Opferflamme unterstrichen. In Übereinstimmung mit der religiös-kultischen Bedeutung der Opferflamme nimmt Iphigenies Appell an den König dabei den Charakter eines Gebets an. **O laß die Gnade [...] lodern, O reiche mir die Hand zum Friedenszeichen!** Die apostrophische Form, in der sich Iphigenie an Thoas wie an die Göttin richtet, durchkreuzt den politischen Machtraum des Königs durch den religiösen der Priesterin. Thoas erinnert sich wohlwollend an die besänftigende Stimme der Priesterin, meldet zugleich aber in gnomisch-sentenzenhafter, in der Mitte durch eine Zäsur unterbrochener Form, Bedenken an: **Du forderst viel in einer kurzen Zeit.** Er macht damit deutlich, dass seine Entscheidung von dem abwägenden Kalkül der Politik bestimmt ist, während Iphigenie die Bedenken des Königs außer Kraft zu setzen sucht, indem sie das innere Gefühl zur Stimme der Wahrheit erklärt: **Bedenke nicht; gewähre, wie du's fühlst.** Iphigenies Rede lässt sich in diesem Sinne durchaus als ein rhetorischer Überredungsversuch verstehen, dessen Ziel es ist, die Argumente des Königs, die nach den politischen Konsequenzen seiner Entscheidung fragen, durch die dem Bereich der rationalen Überlegung entzogene Sphäre des Gefühls zu ersetzen. Das Gespräch zwischen Iphigene und Thoas antizipiert damit bereits die abschließende Lösung des Konfliktes, derzufolge Iphigenie sich Thoas gegenüber durchsetzen wird.

Die exemplarische Textanalyse zeigt somit, dass gerade die Argumentation Iphigenies in auffälliger Weise rhetorisch ausgearbeitet ist. Die Überzeugungskraft des inneren Herzens kann der rhetorischen Mittel nicht entbehren, um sich im politischen Raum des Königs durchzusetzen.

5.7 Humanität und Aufklärung

Die wichtigsten Deutungen, die die *Iphigenie* in den letzten Jahrzehnten erfahren hat, stellen das Stück in den Horizont der philosophischen Aufklärung des 18. Jahrhunderts. Insbesondere Rasch hat auf die Bedeutung des aufklärerischen Autonomieprinzips für Goethes Dichtung hingewiesen. Rasch begreift die *Iphigenie* nur deshalb als ein **Drama der Humanität, insofern erst der autonome Mensch Humanität verwirklichen kann.**[76] Humanität und Autonomie sind die philosophiegeschichtlichen Stichworte, die die Deutungsgeschichte der *Iphigenie* bestimmen. Ohne Goethes Werk mit der philosophischen Tradition überlasten zu wollen, wird daher im Folgenden in der gebotenen Kürze auf die wesentlichen philosophischen Implikationen und Interpretationen der *Iphigenie* eingegangen.

5.7.1 Humanität

1827, dreißig Jahre nach Beendigung der *Iphigenie*, schrieb Goethe dem Schauspieler Krüger, der in einer Weimarer Aufführung die Rolle des Orest übernommen hatte, eine Widmung in dessen Handexemplar, die für die Rezeptionsgeschichte des Stückes von kaum zu überschätzender Bedeutung ist:

Was der Dichter diesem Bande
Glaubend, hoffend anvertraut,
Werd' im Kreise deutscher Lande
Durch des Künstlers Wirken laut.

Liebevoll verkünd' es weit:
Alle menschlichen Gebrechen
Sühnet reine Menschlichkeit.[77]

Der Satz **Alle menschlichen Gebrechen / Sühnet reine Menschlichkeit** hat in der Wirkungsgeschichte der *Iphigenie* eine fast kanonische Bedeutung erlangt. Der Hinweis auf die reine und entsühnende Menschlichkeit, wie sie in der Figur der Iphigenie verkörpert ist, hat den Anlass gegeben Goethes Drama in einem normativen Sinne als ein Festspiel der Humanität zu deuten. Die Tatsache, dass Goethe seine Verse erst drei Jahrzehnte nach Beendigung der *Iphigenie* verfasst hat, wurde dabei meist stillschweigend übergangen und die Gretchenfrage der Iphigenieinterpretationen lautete lange Zeit: Wie hältst du es mit der Humanität?

Dass Goethes *Iphigenie* in besonderer Weise das klassische Ideal der Humanität verwirklicht, braucht dabei gar nicht bestritten zu werden. Dem philosophisch-theologischen Begriff der Humanität ist Goethe vor allem durch seine Freundschaft mit Herder verpflichtet, der in seinen Schriften eine Religion der Menschlichkeit entwickelt, die auf Goethes Dichtung nicht ohne Einfluss gewesen ist. **Das *Göttliche* in unserem Geschlecht ist also *Bindung zur Humanität.***[78] Herders Begriff der Humanität umfasst das für Goethe zentrale Thema der Bildung um diese zugleich in das Reich der Religion zu verweisen. Humanität ist Herder zufolge eine natürliche Anlage im Menschen, **des Menschen edle Bildung zur Vernunft und Freiheit**[79], die der Leitung durch das Bild des Göttlichen bedarf um sich zu verwirklichen. Den Leitfaden für die Bildung des Menschen zur Humanität, die Herder ähnlich wie Goethe als **eine Übung des menschlichen Herzens**[80] bezeichnet, gibt die Religion als die höchste Gabe des Menschen. **Endlich ist die Religion die höchste Humanität des Menschen.**[81] Das Ideal der Humanität verwirklicht sich in der religiösen Bildung des Menschen durch das Bild des Göttlichen in der Seele des Menschen, wie es Goethes *Iphigenie* in Übereinstimmung mit Herder darstellt. **Wahre Religion ist also ein kindlicher Gottesdienst, eine Nachahmung des Höchsten und Schönsten im menschlichen Bilde, mithin die innigste Zufriedenheit, die wirksamste Güte und Menschenliebe.**[82] Menschenliebe, Gerechtigkeit und Wahrheit umschreiben Herders religiöse Idee der Menschlichkeit, wie sie Goethe in der paradigmatischen Verwirklichung von Wahrheit und Freiheit in der *Iphigenie* nachvollzieht. Wie Rasch hervorgehoben hat, gibt Goethes klassisches Drama damit in der Tat eine **Darstellung der religiösen Situation der Aufklärungszeit**[83].

5.7.2 *Aufklärung*

Die Idee der Menschlichkeit, die Goethe in der *Iphigenie* entwickelt, verweist darüber hinaus auf Kants berühmte Definition der Aufklärung. **Aufklärung ist der Ausgang des Menschen aus seiner selbst verschuldeten Unmündigkeit.**[84] Kants Definition stellt den Begriff der Autonomie in den Mittelpunkt der Aufklärung: Der Mensch solle **sich seines Verstandes ohne Leitung eines anderen**[85] bedienen. **Habe Mut dich deines eigenen Verstandes zu bedienen!** ist also der Wahlspruch der Aufklärung.[86]

Kants Begriff der Aufklärung als Ausgang aus der Unmündigkeit impliziert daher die Forderung nach prinzipieller Freiheit des Menschen in seinem Denken und Tun. Während die Unmündigkeit für Kant vor allem in der Abhängigkeit von religiösen Gewalten begründet liegt, verlangt die philosophische Aufklärung nach einer umfassenden Anerkennung der Autonomie des Menschen. **Zu dieser Aufklärung aber wird nichts erfordert als Freiheit; und zwar die unschädlichste unter allem, was nur Freiheit heißen mag, nämlich die: von seiner Vernunft in allen Stücken öffentlichen Gebrauch zu machen.**[87] Indem Kant den Zusammenhang von Aufklärung und Freiheit betont, stellt er in der Zurückweisung religiöser Instanzen die Selbstbestimmung des Menschen in den Mittelpunkt der Aufklärung. Während Kants Verhältnis zur politischen Gewalt zwiespältig bleibt – die absolutistische Herrschaft Friedrichs scheint ihm kein Widerspruch zu den Prinzipien der Aufklärung zu sein – verwirklicht Goethe in der *Iphigenie* das Prinzip der Autonomie in radikaler Weise, indem er zeigt, wie sich die Protagonistin im Laufe des Dramas von religiösen und politischen Bindungen zunehmend löst um am Ende in Übereinstimmung mit dem Ideal der Wahrheit und Menschlichkeit zu einer selbst bestimmten Lösung zu finden. Gegen den politischen Herrscher Thoas wie gegen die Instanz der Götter verpflichtet sich Iphigenie den Prinzipien der Freiheit und Menschlichkeit, die die philosophische Aufklärung des 18. Jahrhunderts bestimmen.

5.7.3 *Zur Dialektik der Aufklärung*

Zugleich sollten jedoch die Differenzen zwischen Goethes Dichtung und der Philosophie der Aufklärung nicht unberücksichtigt bleiben. Goethe beruft sich nicht nur in Übereinstimmung mit Herders Religion der Aufklärung und gegen Kants Begriff der Vernunft auf die subjektive Instanz des Herzens als Symbol der inneren Reinheit und Freiheit des Menschen. Ein entscheidender Unterschied zur philosophischen Tradition der Aufklärung scheint auch darin zu liegen, dass der Gegenbegriff von Kants Definition der Freiheit und Autonomie in Goethes Drama nicht der der Unmündigkeit ist, sondern der der tragischen Schuld. Zwar hatte auch Kant behauptet, die Menschen seien durch eigene Schuld in den Zustand der Unmündigkeit geraten, diese sei, mit anderen Worten, **selbst verschuldet.** Goethe entwickelt in seinem Drama aber einen ganz anderen Begriff der Schuld, der an die Abhängigkeit der Tantaliden von der mythischen Vorgeschichte ihres Urahnen gemahnt. In diesem Sinne stehen sich in der *Iphigenie* nicht nur die gegenläufigen Prinzipien von Unmündigkeit und Autonomie gegenüber, sondern die von Mythos und Freiheit.

Die Tatsache, dass die *Iphigenie* insbesondere anhand der Figur des Orest das Problem der Schuld in Zusammenhang mit der Frage nach der Ablösung des Mythos durch Freiheit verhandelt, hat es Adorno erlaubt, Goethes Drama als ein besonderes Beispiel für den Prozess der Dialektik der Aufklärung zu begreifen. Unter **Dialektik der Aufklärung** verstehen Horkheimer und Adorno eine innere Verschränkung von Mythos und Aufklärung, die zum einen darin zum Ausdruck komme, dass der Mythos bereits ein Stück Aufklärung enthalte, zum anderen aber bedeute, dass die Aufklärung wiederum in den Mythos zurückfalle.[88] Mit dem Begriff des Mythos meinen die Autoren dabei die ursprüngliche Abhängigkeit des Menschen von Naturmächten, mit dem der Aufklärung die Durchsetzung der Freiheit des Menschen gegenüber der Natur. Die Kritik an der Aufklärung, die Horkheimer und Adorno formulieren, besagt mit anderen Worten, dass das philosophische Prinzip der Freiheit in der Aufklärung totalitäre Züge annehme und sich dem ursprünglichen Zwang der Natur über dem Menschen angleiche.

Die komplexen Voraussetzungen, denen Horkheimer und Adornos Begriff der Dialektik der Aufklärung unterliegt, können und brauchen an dieser Stelle nicht geklärt werden. Entscheidend ist in diesem Zusammenhang allein die These, dass Goethes *Iphigenie* Adorno zufolge den dialektischen Prozess der Verschränkung von Mythos und Freiheit vor Augen führe, indem sie die Freiheit der Tantaliden an die Auseinandersetzung mit ihrer mythischen Vorgeschichte binde. **Humanität wird in der Iphigenie verhandelt aus der Erfahrung ihrer Antinomie heraus**[89], schreibt Adorno um zu betonen, dass am Anfang des Stückes die leibhaftige Verstrickung von Orest in die Schuld der Vergangenheit steht, die erst zum Schluss des Dramas durch die Menschlichkeit der Iphigenie abgelöst wird. Die Entsühnung Orests durch die Schwester deutet Adorno daher als Zeichen für eine Versöhnung, die dem mythischen Naturzusammenhang nicht entgegengesetzt ist, sondern ihm Gerechtigkeit widerfahren lässt. **Versöhnung ist nicht die blanke Antithese**

zum Mythos, sondern umfaßt die Gerechtigkeit gegen ihn.[90] Für Adorno resultiert die Klassizität der Iphigenie mithin nicht aus einem zeitlos gültigen Begriff der Humanität, sondern aus der geschichtlichen Ablösung von Schuld und mythischer Abhängigkeit durch Menschlichkeit und Freiheit, die dem Drama eine ungebrochene Aktualität sichert.

5.7.4 Zur Geschichtsdeutung in Goethes »Iphigenie«

In diesem Zusammenhang zeigt sich auch, dass sich der symbolische Sieg der Menschlichkeit in der *Iphigenie* keinem naiven Ideal der Humanität verdankt, sondern einer geschichtlichen Konstruktion, die auf dem je unterschiedlich akzentuierten Verhältnis von Göttern und Menschen beruht. Goethe ist zwar häufig der Vorwurf gemacht worden, er sei mehr an der Anschauung der Natur als an den Problemen der Geschichte interessiert gewesen. In der *Iphigenie* greift er jedoch auf ein umfassendes geschichtliches Modell zurück, das die tragisch dargestellte Gegenwart nur aus der Auseinandersetzung mit der Ur- und Vorgeschichte zu bestimmen sucht.

Wie Ursula Segebrecht gezeigt hat, steht Orest die Urgeschichte in der Figur des Tantalus vor Augen. **In diesem Sinne kann Tantalus als ein von Orest visionär geschautes *Urbild* des unter seiner geschichtlichen Bedingtheit leidenden Menschen verstanden werden.**[91] Tantalus repräsentiert eine Form der Urgeschichte, insofern er den Anfang des Fluchs der Götter über die Menschen verkörpert. Mit dem Frevel des Tantalus beginnt die Geschichte der Menschen, die unter den Göttern zu leiden haben. In diesem Sinne folgt auf die Urtat des Tantalus die Fortsetzung der mythischen Schuld von seinen Nachfahren bis hin zu Orest. Als unmittelbare Vorgeschichte zum Schicksal Iphigenies repräsentieren Atreus und Agamemnon eine Zeit des Heroischen, die in Goethes Drama symbolisch durch die Zeit des Menschlichen abgelöst wird. Im Mittelpunkt der geschichtlichen Erfahrung Iphigenies steht die Einsicht, dass die Zeit der griechischen Heroen, die Herrschaft ihres Vater Agamemnon und der Ruhm Achills, vorüber ist.

Doch wohl erinnr' ich mich des scheuen Blicks,
Den ich mit Staunen und mit Bangigkeit
Auf jene Helden warf. Sie zogen aus,
Als hätte der Olymp sich aufgetan
Und die Gestalten der erlauchten Vorwelt
Zum Schrecken Ilions herabgesendet, und
Agamemnon war vor allen herrlich! (958–964)

Iphigenies Erinnerung verweist die Geschichte von der Eroberung Trojas durch eine räumliche Metapher in die **Vorwelt. Als hätte der**

Olymp sich aufgetan, als Abbild der olympischen Götter erscheinen ihr die griechischen Heroen und vor allem der Vater Agamemnon. In diesem Zusammenhang deutet Iphigenie den Tod Achills vor den Mauern Trojas und den Agamemnons in der griechischen Heimat als das geschichtliche Ende der Heroenzeit, deren bedeutendste Repräsentanten untergegangen sind. **So seid ihr Götterbilder auch zu Staub!** (864) Iphigenie setzt damit eine geschichtliche Zäsur. Die Zeit der Heroen, die durch die Auseinandersetzung zwischen Göttern und Menschen bestimmt war, ist vorbei, das Zeitalter der Menschen bricht an. Die Überwindung des Fluchzusammenhanges, die Iphigenie vollbringt, setzt dem Zeitalter der Heroen, den Götterbildern, die nun zu Staub geworden sind, das der Menschen entgegen. Die **Stimme der Wahrheit und der Menschlichkeit** verkörpert Iphigenie, indem sie die geschichtliche Ablösung der heroischen Vorgeschichte durch die Menschen in stellvertretender Weise vollzieht. Der Begriff der Humanität, den GOETHE in seinem Drama entwickelt, ist damit nicht Ausdruck eines zeitlos-klassischen Ideals, sondern das Resultat eines geschichtlichen Prozesses, der in der Überwindung des titanischen Heroismus der griechischen Vorwelt die Bedeutung des Menschen in den Mittelpunkt rückt. Gerade durch die Darstellung der zeitlichen Bedingtheit des Humanitätsbegriffes verpflichtet sich GOETHES Drama einem Ideal der Menschlichkeit, das weder endgültig vergangen noch zeitlos gültig ist, sondern seine besondere Bedeutung in der Geschichte behält.

rrichtshilfen

aktische Hinweise

Iphigenie für heutige Schülerinnen und Schüler noch von Inter-
sein? Oder ist sie nur ein verstaubter Klassiker, der lieber in den Schub-
aden der Literaturgeschichte ruhen sollte?

Angesichts dieser Alternative, die es sich sicherlich zu einfach macht, ist die Bedeutung von Goethes *Iphigenie* eine doppelte. Zum einen eignet sich der Text in ausgezeichneter Weise dazu, eine Einführung in die literaturgeschichtliche Epoche der Klassik zu geben. Das Menschenbild, das Goethe in der *Iphigenie* entwirft, bietet die Möglichkeit den Leser mit den wesentlichen Gedanken und Problemen des klassischen deutschen Humanitätsbegriffes vertraut zu machen, ohne dass sich die Beschäftigung in naiver Traditionsgläubigkeit erschöpfen muss.

Darüber hinaus verweisen die Fragen, die im Drama an zentraler Stelle verhandelt werden, auf Probleme, die nichts von ihrer Aktualität verloren haben. An erster Stelle steht hier die Dialektik von Fremde und Heimat und die damit verbundene Frage nach der persönlichen Identität, die sich gerade sechzehn- bis zwanzigjährige Schüler/innen stellen. Die Frage, inwiefern das Vaterland fremd, die Fremde Heimat werden kann, wird Schüler und Studenten in einem Lebensalter, das von der kritischen Auseinandersetzung mit Autoritäten geprägt ist, unmittelbar ansprechen. Der Klassiker Goethe ist gerade deswegen für den Unterricht lohnend, da er die Möglichkeit zur Selbstfindung nicht selbstverständlich voraussetzt, sondern zum Problem macht: Erst aus der Erfahrung der Fremde heraus konstituiert sich die persönliche Identität.

Vor diesem Hintergrund erscheinen auch andere Probleme, die im Drama verhandelt werden, ungebrochen aktuell. So etwa die spezifisch *weibliche* Situation der Iphigenie, die sich im Lauf des Dramas zunehmend gegen männliche Autoritäten durchsetzt, oder die Frage, inwiefern Konflikte durch Gewalt oder durch ein Gespräch zu lösen sind. Werden diese Probleme auch als solche deutlich gemacht, so erscheint Iphigenies Wahrheitspathos nicht als verstaubter Ausdruck eines idealistischen Menschenbildes, sondern als Antwort auf konkrete Fragen, von denen persönliches Lebensglück in entscheidender Weise abhängt.

Für den Unterricht bietet sich die *Iphigenie* darüber hinaus nicht zuletzt deswegen an, da sie ein vergleichsweise kurzes Stück ist. Vor diesem Hintergrund sollte bei der Unterrichtsreihe vorausgesetzt werden, dass die Schüler den Text bereits vor der Behandlung im Unterricht gelesen haben. Angesichts der Kürze des Stücks sollte dies keine Überforderung darstellen.

Allerdings soll nicht verschwiegen werden, dass Goethes Schauspiel den Lesern/innen einige Schwierigkeiten bereiten kann. Zum Teil sind die Schwierigkeiten sprachlicher Natur: Goethes klassische, nach Transparenz und Reinheit suchende Sprache kann heute insbesondere jüngere Leser unter Umständen befremden. Hier wird es darauf ankommen, das Sprachbewusstsein des Schülers zu schärfen und die anfängliche Ablehnung, die sich eventuell einstellt, schrittweise abzubauen um die ästhetische Qualität des Textes deutlich zu machen.

Zum anderen sind die Schwierigkeiten sachlicher Natur. Der Humanitätsgedanke der *Iphigenie* ist heute nichts weniger als selbstverständlich und er wird manchen Schülern in zu pathetischer Weise vorgetragen sein. Diesem Problem ist nur zu begegnen, indem in der Arbeit am Text deutlich gemacht wird, inwiefern die wesentlichen Lösungsvorschläge des Dramas aus konkreten Problemzusammenhängen erwachsen. Es ist sicherlich nicht sinnvoll, das Bild der Menschlichkeit in der *Iphigenie* als unangreifbares Kulturgut darzustellen. Auf das Thema der Humanität einfach zu verzichten hieße aber den entscheidenden Aspekt des Dramas aufzugeben. Daher wird es darauf ankommen, den Schüler/innen die *Iphigenie* ohne falsches Pathos nahe zu bringen, die Probleme, nicht die Lösungen in den Vordergrund zu stellen.

Schwierig ist die Frage nach dem philosophischen Kontext des Dramas. So unumgänglich die Auseinandersetzung mit der Aufklärung für Goethes Drama auch ist, so sehr muss sich der Lehrer hüten, das Drama mit philosophischem Bildungsgut zu überfrachten. Hier wird Fingerspitzengefühl gefragt sein um von den Fragen des Dramas aus zur Aufklärung zu gehen und zurück zum Text, ohne die Differenzen zwischen Philosophie und Literatur zu vergessen und ohne die Schüler zu überfordern. Aber gerade hier liegt Aussicht auf Erfolg: mit der *Iphigenie* die Gedanken und Ziele der Aufklärung zu thematisieren, ohne die eine humane Gesellschaft nicht denkbar wäre.

2 Didaktisch-methodische Literatur

Die didaktische Diskussion in den letzten Jahrzehnten wurde vor allem von dem kontroversen Bild des klassischen Humanitätsbegriffs geprägt. Während die *Iphigenie* in der Schule lange Zeit als schlechthin unangreifbare Bibel des deutschen Humanismus gelesen wurde, regte sich in den Siebzigerjahren Widerspruch gegen die einseitige Interpretation der deutschen Klassiker. In *Diskussion Deutsch* forderte Rolf Lorenz (*Utopie der Entfremdung?*, 1975) in einer Antwort auf einen Aufsatz von Hubert Ivo (*Die politische Dimension des Deutschunterrichts. Zum Beispiel: Goethes Iphigenie*, 1973) Goethes *Iphigenie* aufgrund ihrer Unzeitgemäßheit und Abstraktion von aller gesellschaftlichen Realität aus dem Schulkanon zu streichen. Erika Fischer-Lichte hielt in einer Replik auf Ivo und Lorenz dagegen an dem emanzipatorischen Charakter der *Iphigenie* fest. Das Ergebnis dieser sachlich leider wenig ergiebigen Kontroverse war allerdings, dass die *Iphigenie* aus der didaktischen Diskussion für einige Jahre verschwunden war.

In den letzten Jahren ist jedoch wieder ein steigendes Interesse an der *Iphigenie* zu verspüren. So hat Wolfgang Schemme in seinem Aufsatz (... *Der Himmel behüte uns vor ewigen Werken – Von der kanonischen Gefangenheit der Iphigenie*, 1990) versucht Goethes Schauspiel aus der kanonischen Lesart als Humanitätsdrama zu befreien. Im Rahmen eines Materialprojekts zum fachbezogenen interkulturellen Lernen haben Lisa Böcker und Claus Wenderott (*Und es gewöhnt sich nicht mein Geist hierher. Goethes Iphigenie auf Tauris* – Reflexionen über Fremdheit, 1995) eine Handreichung für den Unterricht erarbeitet, der es in beeindruckender Weise gelingt, die Aktualität der *Iphigenie* anhand des Konfliktes von Heimat und Fremde darzulegen. Die vorliegende Arbeit kann daraus einige Anregungen für den Aufbau der Unterrichtseinheit übernehmen. So erscheint es insbesondere sinnvoll, den Schülern durch das aktualitätsbezogene Thema von Fremde und Heimat den Einstieg in den Text zu erleichtern.

Über die genannten Beispiele hinaus ist die didaktische Literatur zur *Iphigenie*, vor allem was den Bezug zur Unterrichtsarbeit anbelangt, weitgehend unbefriedigend. Die *Klett-Lektürehilfen* von Udo Müller (1993) bieten zwar eine informative und gut lesbare Interpretation, verzichten aber auf jede didaktische Grundlegung, während die ergänzenden *Anregungen für den Literaturunterricht* von Volker Sack (1987) durch eine wenig einleuchtende Gegenüberstellung von Goethes *Iphigenie* und Hebbels *Maria Magdalena* enttäuschen. Gerd Eversberg gibt in *Bausteine Deutsch* trotz einer eindeutig didaktischen Ausrichtung einen pedantischen Stundenplan vor, der zwölf wenig abwechslungsreiche Unterrichtseinheiten vorsieht ohne alternative Stundenplanungen zuzulassen, während die *Diesterweg-Grundlagen* von Günther Holst überhaupt keinen Bezug zum Unterricht aufweisen.

3 Unterrichtssequenz

a) Referatsverteilung:

Folgende Referate können im Verlauf der Unterrichtsreihe eingesetzt werden:

1. Eingesetzt in der 4. Stunde:
   Die Tantalidensage (Mat. 6, Lexika, Schwab, S. 619–660).
2. Eingesetzt im Additiv zur 8. Stunde:
   Goethes Symbolbegriff (Mat. 3, Kurz: *Metapher, Allegorie, Symbol*, S. 65–71).
3. Eingesetzt im Additiv zur 10. Stunde:
   Goethes Prometheusgedicht (Mat. 2).
4. Eingesetzt im Additiv zur 11. Stunde:
   Kants Begriff der Aufklärung (Kant: *Was ist Aufklärung?*)
5. Eingesetzt im Additiv zur 12. Stunde:
   Euripides: *Iphigenie bei den Taurern* (Mat. 5)

b) Aufbau der Unterrichtseinheit (Themenstichworte)

Grundkurs	Leistungskurs (Additive)
1. Fremde und Heimat	Peymanns Inszenierung der »IPHIGENIE« (1. Akt)
2. Handlungsverlauf und Figurenkonstellation	
3. Iphigenie im Exil	
4. Thoas und Iphigenie	
5. Iphigenie und die Tantaliden	Das Menschenopfer
6. Die Figur des Orest	Symbolik und Leitmotive
7. Furien und Gewissen	
8. Das Wiedererkennen der Geschwister	
9. Orests Heilung	
10. Iphigenie und Pylades	Das Bild der Menschen und das Bild der Götter
11. Das Parzenlied	Prometheus und Tantalus
12. Iphigenies unerhörte Tat	Kants Begriff der Aufklärung
13. Schwert und Wort	Euripides und Goethe
14. Abschlussdiskussion	

4 Unterrichtshilfen

Verwendete Abkürzungen

A = alternative Aufgabenstellung
FA = Freiarbeit
GA = Gruppenarbeit
HA = Hausaufgabe
KRef = Kurzreferat
LV = Lehrervortrag
PA = Partnerarbeit
TA = Tafelanschrieb
UG = Unterrichtsgespräch

Stunden	Thema	Didaktische Aspekte (Inhalte/Ziele)
1.	Fremde und Heimat (vgl. Kap. 5.1.1)	1. Aktualität der Problemlage: die Dialektik von Fremde und Heimat. 2. Persönliche Konfrontation mit der Ausgangssituation Iphigenies. Eigene Erlebnisinhalte und Ansprüche. 3. Austausch der Vorkenntnisse. 4. Lesen des 1. Auftritts. UG: Worüber beklagt sich Iphigenie, was erhofft sie sich für die Zukunft? 5. Iphigenie: Unzufriedenheit über traditionelle Frauenrollen: Tochter, Braut, Priesterin.
2.	Handlungsverlauf und Figurenkonstellation (vgl. Kap. 1.5 und 5.4)	1. Doppelte Figurenkonstellationen: Orest/Pylades/Iphigenie – Thoas/Arkas und Orest/Thoas/Iphigenie – Pylades/Arkas. 2.a: Iphigenie als zentrale Figur der Tragödie. 2.b: Orest als zweite Hauptperson des Dramas (Orest- und Iphigeniehandlung). 3. Bestimmende Funktion der Figuren über den Handlungsverlauf; Überblick über den Gesamtverlauf des Dramas.

<table>
<tr><th>Methodische Realisierung/
Verlauf</th><th>Hausaufgabe</th></tr>
<tr><td>1.a: TA: Kann uns zum Vaterland die Fremde werden? UG: Was verbinden Sie mit dem Wort Heimat? (Geburt, Eltern, Freunde, Vaterland, Sprache, Kultur)
1.b (A): UG: Warum spricht Iphigenie vom Vaterland? Finden Sie den Ausdruck selbstverständlich?
2. FA: Aus welchen Gründen könnten Sie sich vorstellen in die Fremde zu gehen? (Liebe, Familie, Arbeit, Abenteuerlust, Neugierde auf fremde Kulturen, Flucht vor politischer Verfolgung)
3. UG: Welche Gründe führen Iphigenie in die Fremde?
4. Einstieg in den Text. Iphigenies Unzufriedenheit über ihr Exil, ihre Stellung als Frau, ihr Priesteramt. Wunsch nach Rückkehr.
5. UG: Wie sieht Iphigenie ihre Stellung als Frau? Wie verhält sie sich in dieser Beziehung zu Agamemnon, Thoas und Diana?</td><td>Erstellen Sie in Stichworten mögliche Gruppierungen der auftretenden Figuren.</td></tr>
<tr><td>1.: Auswertung der HA: UG: Lassen sich die handelnden Personen in Gruppen zusammenfassen? Wenn ja, in welche?
TA: Figurenkonstellation
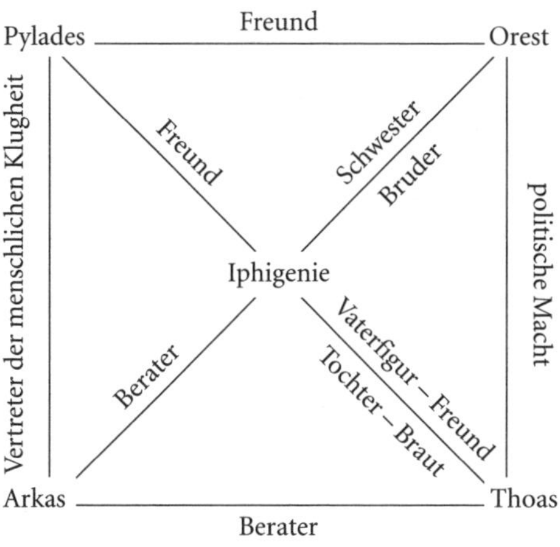

2.a: UG: In welchem Verhältnis steht Iphigenie zu den anderen Figuren?
2.b: UG Kann Ihrer Meinung nach außer Iphigenie jemand eine zentrale Stellung im Drama beanspruchen?
3.a: GA: Erstellen Sie eine Übersicht über den Handlungsverlauf anhand der einzelnen Figurenauftritte. 3.b: UG: Auswertung der GA. (vgl. Kap. 1.5)</td><td>Beschreiben Sie Iphigenies Ausgangssituation in eigenen Worten.</td></tr>
</table>

Stunden	Thema	Didaktische Aspekte (Inhalte/Ziele)
3.	Iphigenie im Exil (I. Aufzug, 1. Auftritt, vgl. Kap. 5.1.1)	1.a: Einführung in Iphigenies Exil: Tauris als Verbannung und als Schutzort 1.b: Parallelität von Geographie und Psychologie: Insel als Isolation (vgl. etwa *Robinson Crusoe*). 1.c: Austausch der Vorkenntnisse. Iphigenies sentimentalische Lage: Sehnsucht nach Vergangenheit. 2.a: Konkretisierung: Iphigenies unterschiedliche Bindungen. 3. Ergebnissicherung: Iphigenies Verhältnis zu Diana: Die Göttin hat sie einmal errettet, nun soll sie das zweite Mal einschreiten. 4. Iphigenies extreme Unzufriedenheit: Zeichen für die Unvollständigkeit ihrer Rettung.
4.	Thoas und Iphigenie (I. Aufzug, 3. Auftritt; vgl. Kap. 5.1.2)	1. Erste Annäherung an die Figur des Thoas. 2. Thoas' Großmut. Neigung zur Priesterin und Eigeninteresse: Nachfolger für den Thron. 3. Iphigenie: Ablehnung der Frauenrolle. Priesteramt als Schutz. 4. Persönliche Enttäuschung des Königs als Grund für das Opfer. Götter als Vorwand für menschliche Interessen. 5. Opfer als Verknüpfung von Priesteramt und dem Fluch der Tantaliden.

Methodische Realisierung/ Verlauf	Hausaufgabe
1.a: Auswertung der HA: UG: In welcher Situation befindet sich Iphigenie zu Anfang des Stücks? 1.b: UG: Fassen Sie die geographische Lage Iphigenies zusammen. Wie deuten Sie das Inselmotiv? Fallen Ihnen andere Beispiele aus der Literatur zum Thema Insel ein? 1.c (A): Impuls: Was drückt der Ausspruch: **Das Land der Griechen mit der Seele suchend?** Ihrer Meinung nach aus? Kurzer LV zur Vorgeschichte. 2.a: GA 1: Beschreiben Sie anhand des ersten Auftrittes Iphigenies Darstellung Agamemnons. GA 2: Beschreiben Sie Iphigenies Darstellung Thoas'. GA 3: Beschreiben Sie Iphigenies Darstellung der Göttin Diana. 2.b: Vorstellen der GA-Ergebnisse. 3. UG: Warum wendet sich Iphigene an die Göttin, um Heimkehr zu erflehen? Warum unternimmt sie selbst nichts? 4. UG: Am Ende des ersten Auftritts bittet Iphigenie um Rettung von **dem Leben hier, dem zweiten Tod.** Finden Sie diese Forderung angemessen oder halten Sie sie für übertrieben?	Schreiben Sie ein Porträt von Thoas.
1. Auswertung der HA: UG: Wer ist Thoas? Wie alt ist er, was erfährt man über ihn im ersten Akt? Erste Beurteilung seiner Handlungsweise. 2. UG: Warum will Thoas Iphigenie heiraten? 3.a: PA: 251–305 und 430–460: Arbeiten Sie die Gründe heraus, warum Iphigenie Thoas nicht heiraten will. 3.b: UG: Arkas wirft Iphigenie vor, sie sei nicht nur unglücklich, sondern auch undankbar (91–92). Stimmen Sie dem zu? 4. Lesen von 504–537: UG: Warum führt Thoas das Menschenopfer wieder ein? Differenzierte Beurteilungsweise einer Person. 5. UG: Welcher Zusammenhang besteht zwischen der Wiedereinführung des Opfers und der Geschichte Iphigenies?	PRO: Zwei Taurer erfahren von dem bevorstehenden Opfer. Einer von ihnen spricht sich für, der andere gegen das Opfer aus. Entwerfen Sie einen kurzen Dialog zwischen den beiden.

Stunden	Thema	Didaktische Aspekte (Inhalte/Ziele)
	Peymanns Inszenierung der *Iphigenie* (1. Akt) (Mat. 8 und 9)	1. Bühnengestaltung als räumliche Inszenierung des dramatischen Geschehens. 1.b: Verknüpfung von Klassik und Moderne: bewusst aktualisierender Charakter der Inszenierung. 1.c: Die Besetzung der Iphigenie gegen ein idealisierendes Frauenbild. 2. Arkas als ältere Vertrauensperson Iphigenies. 3. Thoas: der Konflikt zwischen Barbarei und Zivilisation als zentraler Ansatz der Inszenierung. 3.b: Kritik der herkömmlichen Rollenverteilung: die Griechen erscheinen barbarischer als die Barbaren. 3.c: Wiedereinführung des Menschenopfers als drohender Rückfall Thoas' in Barbarei.
5.	Iphigenie und die Tantaliden (I. Aufzug, 3. Auftritt: 306–432; vgl. Kap. 5.1.3)	1. Auswertung der HA. 2. Einführung in den mythologischen Hintergrund. 3. Unmotiviertes Geständnis Iphigenies. Erster Schritt zur Auseinandersetzung mit der Vergangenheit. 4. Iphigenie: Entschuldigung des Urahnen. Kritisches Götterbild. 5. Widersprüchlichkeit des Gegensatzes Barbaren–Griechen.

Methodische Realisierung/ Verlauf	Hausaufgabe
1.a: UG: Beschreiben Sie das Bühnenbild (Mat. 8 und 9). Haben Sie sich die Bühne ähnlich oder anders vorgestellt? (Bühnenbild: Tempel als einfache Hütte, Schreibmaschine und Papierstapel, Schreibtafel) 1.b: Welche Funktion haben die Requisiten wie Schreibmaschine, Schreibtafel …? 1.c: Sind Sie mit der Besetzung der Iphigenie einverstanden? Welche Erwartungen haben Sie an die Rolle? (hier: Iphigenie als Frau in mittleren Jahren, im Arbeitskittel) Vergleichen Sie die unterschiedlichen Bilder der Iphigenie (Mat. 7). Wie wird sie jeweils dargestellt? 2. UG: Warum wird Arkas von einem relativ alten Schauspieler gespielt? Wie würden Sie sein Verhältnis zu Iphigenie charakterisieren? 3.a: UG: Beschreiben Sie Thoas anhand seines äußeren Erscheinungsbildes (Mat. 10) (groteske Mischung: Hochzeitsfrack und Blumen, aber nackte Füße und Fußringe) 3.b: UG: Wie reagiert Thoas auf Iphigenies Erzählung von ihrer Herkunft? Was wird daran deutlich? (körperlicher Ekel durch Grausamkeit der Tantaliden) 3.c: UG: Wie reagiert Thoas auf Iphigenies Ablehnung? (wilder Tanz, rituelle Rückkehr in den Naturzustand)	
1. Vorstellen der HA. 2. KRef: Die Tantalidensage. 3. UG: 265–306: Warum eröffnet Iphigenie Thoas ihre Identität? Denken Sie, dass dieser Schritt notwendig ist? Was zeigt er? 4.a: Lesen von 315–432: UG: Wie stellt Iphigenie ihren Urahn Tantalus dar? Auf was für ein Verhältnis von Menschen und Göttern lässt das schließen? 4.b: (A): UG: Glauben Sie, dass Iphigenie stolz auf ihre Herkunft ist? Finden Sie, dass sie ihren Verwandten ähnelt? 5. UG: Erscheint Ihnen Thoas im ersten Akt als Beispiel eines **Barbaren?** Vergleichen Sie ihn mit Agamemnon.	Nachschlagen: (E. Tripp: *Reclams Lexikon der antiken Mythologie*, vgl. Mat. 6): Prometheus und Tantalus. Fassen Sie anhand der beiden Beispiele das Verhältnis von Menschen und Göttern zusammen.

Stunden	Thema	Didaktische Aspekte (Inhalte/Ziele)
	Das Problem des Menschenopfers (vgl. Kap. 5.1.2)	1. Einführung in die biblische Tradition. 2. Gegenüberstellung Antike–Christentum. 3. Unterschiedliche Zivilisationsstufen. Opfer und Humanität. 4. Iphigenie: Entsühnung durch Unschuld und Reinheit. Göttin Diana als Vorbild.
6.	Die Figur des Orest (II. Aufzug, 1. Auftritt; vgl. Kap. 5.5.2)	1. Vorverständnis klären. 2. Das Götterbild von Orest und Pylades. 3. Bewusstsein der Problemlage, persönliche Konfrontation. 4. Austausch der Vorkenntnisse. Pylades als Repräsentant von Klugheit und List. 5. Einführung in den Zusammenhang von Furien und Schuld.

Methodische Realisierung/ Verlauf	Hausaufgabe
1. Austeilen von Mat. 4: GA: Das Opfer Abrahams in der Bibel. 2. UG: Gemeinsamkeiten und Unterschiede der Opfer. Warum opfert Agamemnon seine Tochter? TA: (siehe Tabelle 1) 3. LV: Kulturgeschichtliche Bedeutung des Menschenopfers am Beispiel des Prometheus (Mat. 6) 4. UG: Wie bewerten Sie die Tatsache, dass Iphigenie das Opfer aussetzt? Warum tut sie das?	
1. Auswertung der HA: UG: Warum sind Orest und Pylades auf der Insel? Wie sind sie dort hin gekommen? 2. Lesen des 2. Aufzug, 1. Auftritt (Orest und Pylades: verteilte Rollen). UG: Vergleich zwischen Orest und Pylades. TA: (siehe Tabelle 2) 3. UG: Stellen Sie sich vor, sie sind gemeinsam mit einem Freund zum Tode verurteilt und warten in einer Zelle auf die Vollstreckung. Würden Sie sich verhalten wie Orest oder Pylades? 4. UG: Orest vergleicht Pylades mit Odysseus. Was wissen Sie von Odysseus? Leuchtet Ihnen der Vergleich ein? 5. UG: Pylades wirft Orest vor, er nehme das Amt der Furien auf sich. Was meint Pylades damit, und welche Funktion schreibt er den Furien zu?	Nachschlagen: Erinnyen (*Reclams Lexikon der antiken Mythologie*, Mat. 6)

Tabelle 1 (TA):

Abraham	Agamemnon
Opfer von Gott durch einen Engel befohlen	Opfer von Artemis durch den Priester Kalchas befohlen
Opfer des eigenen Sohnes	Opfer der eigenen Tochter
Ersetzung des Menschenopfers durch einen Widder	Ersetzung des Menschenopfers durch eine Hirschkuh
Opfer von Gott in letzter Sekunde untersagt	Opfer vollzogen, Ersetzung Iphigenies durch eine Hirschkuh für alle unbemerkt
Versuchung durch Gott	Strafe der Götter
Bund zwischen Menschen und Göttern	Streit zwischen Menschen und Göttern
Furcht und Gehorsam Gottes	Auflehnung gegen die Götter
Segen Gottes über das Geschlecht Abrahams	Fluch der Götter über das Geschlecht des Tantalus

Tabelle 2 (TA):

Orest	Pylades
Verzweiflung	Hoffnung
Widerstand gegen Erinnerung	Erinnerung an große Taten
Todesbereitschaft	Nicht bereit, zu sterben
Hass auf die Götter	Vertrauen in die Götter
Tapferkeit	Klugheit, List

Stunden	Thema	Didaktische Aspekte (Inhalte/Ziele)
7.	Furien und Gewissen (III. Aufzug, 1. Auftritt; vgl. Kap. 5.2.3 und 5.2.4)	1. Erinnyen als Inkarnationen von Schuld und Rache. Vertreter der Mutter. 2. Goethes Darstellung der Erinnyen: in Anlehnung an die antike Tradition als Bluthunde, die Orest verfolgen. 3. Zusammenhang von Erinnyen und Erinnerung. Psychologische Darstellung des Schuldproblems. 4. Bewusstsein der Modernität Goethes. Psychologische Zusammenhänge statt tragischer Schuld.
8.	Das Wiedererkennen der Geschwister (III. Aufzug, 1. Auftritt; vgl. Kap. 5.2.5)	1. Wiedererkennung als Zusammenführung der Geschwister. Verknüpfung von Bildraub und Menschenopfer. Steigerungstechnik Goethes. 2. Orest und Iphigenie reden von ganz unterschiedlichen Dingen. Iphigenies Interesse für Griechenland, Orests Todeswille. 3. Gegensätzliche Reaktionen der Geschwister auf das Wiedererkennen. 4. Dichtungstheoretischer Hintergrund. 5. Einschätzung des dritten Aktes im Gesamtverlauf der Tragödie. Situation hat sich zugespitzt: Iphigenie soll ihren eigenen Bruder opfern.
9.	Orests Heilung (III. Aufzug, 2. und 3. Auftritt; vgl. Kap. 5.2.6)	1. Orest am Ende seiner Kräfte. Heilung durch Vergessen (Lethe). Ohnmacht als Grenze des Bewusstseins. Orest auf der Seite der Nacht, des Todes, dem Wahnsinn nahe. 2. Wasser als Metapher des Heilenden, Lindernden. 3. Orest im Selbstgespräch. Zugleich Zwiegespräch mit seinen toten Verwandten. Heilung durch Auseinandersetzung mit der Familienschuld. 4. Anfängliches Scheitern der Heilung am Urgrund des Frevels: Tantalus und der Konflikt mit den Göttern. 5. Problematik der Heilung, die selbst nicht zur Darstellung kommt.

Methodische Realisierung/ Verlauf	Hausaufgabe
1. Auswertung der HA: UG: Erinnyen. 2.a: Einzelarbeit: Fassen Sie die Stellen zusammen, an denen Orest von den Erinnyen spricht (581 f., 1052–1070, 1147–1155). Was erfahren wir über Sie? Wie sehen Sie aus? Welche Funktion haben sie? 2.b: Vortrag und Auswertung der Ergebnisse (UG). 3.a: UG: Orest bezeichnet Iphigenie als eine Erinnye. Was meint er damit, und warum tut er das? 3.b (A): UG: Was haben Zweifel und Reue mit den Erinnyen gemeinsam? 4. UG: In der griechischen Tragödie treten die Erinnyen als Personen auf der Bühne auf, bei Goethe nicht. Finden Sie eine Erklärung dafür?	PRO: Orest trifft auf die Erinnyen: Schreiben Sie eine Anklage der Erinnyen und eine Verteidigung Orests.
1.a: UG: Welche Funktion hat das Wiedererkennen der Geschwister? Warum erfolgt es im dritten Akt? 1.b: (A): UG: Warum erkennen sich Orest und Iphigenie nicht gleich? Warum spricht erst Pylades mit der Priesterin? 2. Lesen von 1039–1234. Haben Sie den Eindruck, dass Orest und Iphigenie sich verstehen, oder reden sie aneinander vorbei? 3. GA1: Bewerten Sie Iphigenies Reaktion auf das Wiedererkennen anhand der Verse 1094 f. GA2: Bewerten Sie Orests Reaktion anhand der Verse 1223 f. Wie verhalten sich die Geschwister zueinander? 4. LV: Die Wiedererkennungsszene als Zentrum der Tragödie. 5. UG: Sehen Sie in der Wiedererkennungsszene eine Wende zum Guten? Was haben Iphigenie und Orest am Ende des dritten Aktes eigentlich gewonnen?	Nach Aristoteles ist die Wiedererkennungsszene ein Umschlag vom Glück ins Unglück oder vom Unglück ins Glück. Stellen Sie vor diesem Hintergrund kurz die Positionen von Orest und Iphigenie gegenüber.
1.a: UG: 1223–1254: Warum fällt Orest in Ohnmacht? Sehen Sie einen Zusammenhang zwischen Betäubung und Heilung? 1.b: (A:) UG: Würden Sie Orest als einen Wahnsinnigen bezeichnen? Finden Sie, dass man seine Ohnmacht mit einem Anfall vergleichen kann? 2. PA: 1258–1268: Analysieren Sie die Metaphorik in Orests Rede nach dem Aufwachen. Was fällt Ihnen auf? 3. Lesen von 1269–1309: UG: Mit wem spricht Orest eigentlich? Was bezweckt er mit seiner Rede? 4.a: UG: Warum bleibt Tantalus in Orests Darstellung ausgespart? 4.b: (A): UG: Was meint Orest mit den **ehrnen Ketten,** die der Heldenbrust aufgeschmiedet sind? Welches Problem taucht damit auf? 5. UG: Beschreiben Sie Orests Heilung in den Versen 1341–1364. Halten Sie sie für plausibel?	Beschreiben Sie die Figur des Pylades.

Additum LK

Stunden	Thema	Didaktische Aspekte (Inhalte/Ziele)
	Symbolik und Leitmotivik (vgl. Kap. 5.5.1 und 5.5.2)	1. Bedeutung des Symbols als Zeichen einer organischen Einheit. 2. Zentrale Symbolik: Band und Fluch, Herz und Innerlichkeit. Bild als Verinnerlichung des Göttlichen, Beziehung Menschen–Götter. 3. Bedeutung der Leitmotive als Symbole.
10.	Iphigenie und Pylades (IV. Aufzug, 2. und 4. Auftritt; vgl. Kap. 5.3.1 und 5.3.2)	1. Pylades' Irrweg: Betrug der Skythen und Bildraub 2. Einebnung des Unterschiedes Griechen-Barbaren. 3. Vernunft und Herz als widersprüchliche Grundkräfte des Gemüts. Der Konflikt von Wahrheit und Meinung: Philosophie und Rhetorik. 4. Pylades: Goethes Kritik an der Rhetorik 5. Schicksal als den Göttern übergeordnete Macht. Schwankende Meinung des Pylades.

Additum LK

Stunden	Thema	Didaktische Aspekte (Inhalte/Ziele)
	Das Bild der Menschen und das Bild der Götter (IV. Aufzug, 5. Auftritt; vgl. Kap. 5.3.3 und S. 87)	1. Tradition: Verhältnis von Mensch und Gott in der Bibel. 2. Goethes Umkehrung: Bild der Götter in den Menschen. Verinnerlichung. 3. Problematisierung: Bilder in Museen, Fernsehen, Medien. Säkularisierung des Bildes: von der Religion zum Alltag.

<table>
<tr><th>Methodische Realisierung/
Verlauf</th><th>Hausaufgabe</th></tr>
<tr><td>1. Referat: Goethes Symbolbegriff (Mat. 3)
2. Austeilen des Fundstellenverzeichnisses von S. 84, 88 und 90: GA 1: Interpretieren Sie das Motiv des Bandes. GA 2: Interpretieren Sie das Motiv des Herzens. GA 3: Interpretieren Sie das Motiv des Bildes.
3. UG: Sehen Sie einen Zusammenhang zwischen Goethes Technik der Leitmotive, z. B. im Thema des Bildes, und seiner Theorie des Symbols?</td><td></td></tr>
<tr><td>1.a: Vortrag und Diskussion der HA.
1.b. UG: Fassen Sie den Plan von Pylades kurz zusammen. Erscheint er ihnen realisierbar? Würden Sie einen ähnlichen Weg einschlagen, oder fallen Ihnen andere Möglichkeiten ein?
2. UG: Warum hat Iphigenie Bedenken gegen den Plan des Pylades?
3.a: GA: Welche Gegensätze vertreten Iphigenie und Pylades?
TA:
<table>
<tr><th>Pylades</th><th>Iphigenie</th></tr>
<tr><td>Lüge, Betrug, Verstellung, List, Überreden, Meinung, Verstand, Not/Schicksal</td><td>Wahrheit, Aufrichtigkeit Überzeugen, Unschuld, Herz, Reinheit</td></tr>
</table>
3.b: (A): UG: Was, denken Sie, sind die Gegensätze von Überreden und Meinen? Welche Wissenschaft ist mit dem Überreden verbunden?
4. LV: Pylades als Vertreter der Thetorik.
5. UG: Lesen von 1680–1688: Was für ein Bild der Götter entwirft Pylades? Passt diese Darstellung zu dem, was er vorher zu Orest über die Götter gesagt hat?</td><td>Lesen des Parzenliedes (1726–1766). Was für ein Götterbild entwirft Goethe? (Stichworte)</td></tr>
</table>

<table>
<tr><th>Methodische Realisierung/
Verlauf</th><th>Hausaufgabe</th></tr>
<tr><td>1. UG: Moses 1,24 f.: Lasset uns Menschen machen, ein Bild, das uns gleich sei. Inwiefern ist der Mensch ein Bild Gottes?
2. GA: Rettet mich, und rettet euer Bild in meiner Seele: Setzen Sie die Aussage Iphigenies in ein Verhältnis zur Bibel. Was hat sich verändert?
3. UG: In welchen Zusammenhängen haben wir heute noch mit Bildern zu tun?</td><td></td></tr>
</table>

Stunden	Thema	Didaktische Aspekte (Inhalte/Ziele)
11.	Menschen und Götter: Parzenlied (Vers 1726–1766; vgl. Kap. 5.3.3)	1. Entscheidende Stellung des Parzenliedes: Frage, wie Iphigenie sich entscheidet, um den Fluch zu entsühnen. 2. Allmacht der Götter und menschliche Hybris. Tantalus und die Titanen. 3. Kritisches Bild der Götter, die sich um die Menschen nicht scheren. 4. Erinnerung und Gegenwart: Entsühnung durch Erinnerung. 5. Modernität Goethes im Lyrischen: Zeichen der Innerlichkeit: Mensch statt Gott.

Additum LK

Stunden	Thema	Didaktische Aspekte (Inhalte/Ziele)
	Prometheus und Tantalus (vgl. Kap. 5.1.3 und 5.5.3)	1. Hintergrund: Prometheus und das Titanische. 2. Goethes Interpretation: Menschen und Titanen in der Opposition gegen die Götter. 3. Tantalus und Prometheus als Urbilder des Titanischen. 4. Goethes Distanz zum Titanischen: Rechtfertigung des Frevels im Prometheusgedicht, negative Folgen im Parzenlied.
12.	Iphigenies unerhörte Tat (V. Aufzug, 3. Auftritt; vgl. Kap. 5.3.4)	1. Iphigenies Entscheidung: Liebe zum Menschen und die Pflicht zur Wahrheit. Sühnung durch Aufrichtigkeit. 2. Bewusstmachen der Problemlage, persönl. Konfrontation, eigene Erfahrungen: 3. Vorkenntnis, Begriff der Humanität. Einführung in den klassischen Begriff der Humanität. 4. Exemplarische Textanalyse. Sprachliche Gestaltung der **Stimme der Wahrheit und Menschlichkeit.** 5. Problematisierung der Rolle Iphigenies: Stimme der Wahrheit vermittelt durch rhetorischen Überredungsprozess.

Methodische Realisierung/ Verlauf	Hausaufgabe
1.a: UG: In welcher Situation befindet sich Iphigenie, als sie sich an das Lied der Parzen erinnert? Titanisches als Hintergrund des Parzenliedes. 1.b: (A): UG: Warum spricht Iphigenie vor dem Lied von den Titanen? Was wissen Sie von den Titanen? LV: Titanen. 2. GA: Im Parzenlied geht es um das Verhältnis der Menschen und Götter. Warum haben die Menschen Grund, die Götter zu fürchten, und welche Beispiele werden genannt? 3. UG: Haben Sie den Eindruck, die Götter im Lied sind gerecht? 4. PA: Was fällt Ihnen an der letzten Strophe auf? 5. UG: Warum, denken Sie, setzt Goethe mitten in der Tragödie ein Lied ein?	Nachschlagen (Lexika): Humanität – Aufklärung.

Methodische Realisierung/ Verlauf	Hausaufgabe
1. Ref: Die Prometheussage (Mat. 6). 2. Austeilen von Mat. 2: GA: Goethes Prometheusgedicht: Wie verhalten sich Menschen und Götter zeinander? 3. UG: Sehen Sie Ähnlichkeiten zwischen Tantalus und Prometheus? 4. UG: Vertritt Goethe im Parzenlied das gleiche Götterbild wie im Prometheusgedicht? Was hat sich geändert?	
1. UG: Welche Gründe sind ihrer Meinung nach ausschlaggebend für Iphigenies Entscheidung, Thoas die Wahrheit zu verraten? Ist es Eigennutz oder eine moralische Verpflichtung, die sie leitet? 2. FA: Können Sie sich eine Situation vorstellen, in der Sie es für besser halten, zu lügen als die Wahrheit zu sagen? Wenn ja, in welcher? 3.a: Auswertung der HA: UG: **Stimme der Wahrheit und der Menschlichkeit:** Was verbinden Sie mit dem Begriff der Menschlichkeit? Was ist Ihrer Meinung nach das Gegenteil von menschlich? (göttlich, teuflisch, tierisch, engelhaft, barbarisch) 3.b: Schülervortrag: Der Begriff der Humanität in der deutschen Klassik. 4. GA1: 1937–1942: Analysieren Sie das Gespräch von Thoas und Iphigenie nach sprachlich-stilistischen Gesichtspunkten unter Berücksichtigung der Versform. 5. UG: Haben Sie den Eindruck, dass Iphigenie und Thoas gleichberechtigte Gesprächspartner sind? Wirkt Iphigenie auf Sie eher überzeugend oder überredend?	Charakterisieren Sie Orest und Iphigenie im letzten Akt. Welche Lösungsmöglichkeiten repräsentieren sie?

Additum LK

Stunden	Thema	Didaktische Aspekte (Inhalte/Ziele)
	Der Begriff der Aufklärung bei Kant (vgl. Kap. 5.7.2)	1. Einführung in die philosophische Tradition der Aufklärung. 2. Kant: Kritik der Autoritäten. Unterschiedliche Schuld bei Kant und in der Tragödie. 3. Zwiespältigkeit der Aufklärung: Kritik der Religion, aber politisch indifferent. 4. Iphigenies *Aufklärung:* Humanisierung der Taurer durch Verzicht auf das Menschenopfer. 5. Aufklärung und Feminismus?
13.	Die Dialogizität der Versöhnung (V. Aufzug, 4.–6. Auftritt; vgl. Kap. 5.3.5)	1.a: Thoas: Drohender Regress in Barbarei und Sklaverei. 1.b: Thoas und Orest als kriegerische Vertreter der Skythen und Griechen. 1.c: Das Schwert als Symbol für Gewalt und Fluch. 2. Orest als Vertreter des kriegerischen Heroen, Iphigenie als Friedensstifterin. 3. Problematisches Verhältnis zum Orakel. Wahrheit als Resultat menschlicher Auslegung. 4. Iphigenies zwiespältige Position: in der Stellvertretung der Göttin wird sie fast zu einer Heiligenfigur. 5. Problematischer Schluss: Thoas wirkt nicht überzeugt, sondern überredet.

Additum LK

Stunden	Thema	Didaktische Aspekte (Inhalte/Ziele)
	Euripides und Goethe (vgl. Kap. 1.2)	1. Tradition der Iphigenie: griechisches Vorbild. 2. Vergleich von Goethe–Euripides. 3. Iphigenie zwischen Antike und Moderne: klassische Form und moderne Humanität. Die Frau als Erlöserin.
14.	Abschlussdiskussion (vgl. Kap. 5.3.6)	1. Alle verändern sich: Thoas verzichtet auf Iphigenie, erreicht Sicherung der politischen Herrschaft. Iphigenie verliert den Vater, erreicht aber die Rückkehr, Orest findet wider Erwarten die Schwester. 2. Problematik des Schlusses: Ist Thoas edler als die Griechen? 3. Abschlussdiskussion: Iphigenie als Paradigma der Klassik.

Methodische Realisierung/ Verlauf	Hausaufgabe
1.Ref: Kant: **Was ist Aufklärung?** 2. UG: Warum, denken Sie, spricht Kant von **selbst verschuldeter Unmündigkeit?** Lässt sich das aufs Drama übertragen? 3. UG: Wie verhält sich die Aufklärung zu Religion, wie verhält sie sich zur Politik? 4. PA: Hat Iphigenie in Goethes Drama eine aufklärerische Aufgabe? 5. UG: Sehen Sie einen Zusammenhang zwischen Iphigenies Freiheitsideal und ihrer Stellung als Frau?	
1.a: Lesen von 1783–1803: Welche Pläne verfolgt Thoas vor dem Aufeinandertreffen mit den Griechen? 1.b: Lesen von 1993–2011: In welcher Funktion treffen Thoas und Orest aufeinander? 1.c: Lesen von 2035–2063: Was repräsentiert das Schwert für Orest? 2. UG: 2047–2094: Vergleichen Sie die Lösungsversuche, die Orest und Iphigenie anbieten. Wer von beiden setzt sich durch? 3. FA: 2114–2119: Wie bewerten Sie Orests Orakelauslegung? Vgl. Sie seine Auslegung mit 613: **Der Götter Wörter sind nicht doppeldeutig.** 4. UG: In welchem Licht erscheint Iphigenie zum Schluss? Welche Charakterisierung passt am besten zu ihr: Mensch, Heilige, oder Göttin? 5. UG: Thoas' letzte Worte in dem Drama sind erst: **So geht!** Dann: **Lebt wohl!** Wie bewerten Sie diese Entwicklung? Hat er sich freiwillig dazu durchgerungen die Griechen gehen zu lassen, oder ist er dazu gezwungen worden?	PRO: Schreiben Sie einen Brief von Thoas an Iphigenie, die nun Priesterin auf Delphi ist.

Methodische Realisierung/ Verlauf	Hausaufgabe
1. Ref: Iphigenie bei Euripides. 2. Lesen von Mat. 3. UG: Wie stellt Euripides Iphigenie dar? Wie schätzen Sie dagegen Goethes Iphigenie ein? 3. GA: Finden Sie, dass Goethes Iphigenie eher ein antikes oder ein modernes Stück ist? Warum hat Goethe eine Frau in den Mittelpunkt seines Stückes gestellt?	
1. GA: Fassen Sie zusammen, was für Thoas, Iphigenie und Orest erreicht worden ist. Stimmt das mit ihren ursprünglichen Hoffnungen überein? 2. UG: Geben Sie eine abschließende Bewertung von Thoas und Iphigenie. 3. UG: Warum kann Goethes Drama für sich in Anspruch nehmen das Drama der deutschen Klassik zu sein? Meinen Sie, dass Goethes *IPHIGENIE* noch heute von Interesse ist oder ist es nur ein verstaubtes Stück, mit dem Sie *gequält* worden sind?	

5 Unterrichtsreihen

Goethes Iphigenie auf Tauris könnte in folgende übergreifende Unterrichtsreihen eingeordnet werden:

1. Bearbeitungen des Iphigeniestoffes:
   Euripides: *Iphigenie bei den Taurern*, Racines *Iphigénie*, Goethes *Iphigenie auf Tauris*, Hauptmanns *Iphigenie auf Delphi*, Volker Brauns *Iphigenie in Freiheit*.
2. Antike Frauengestalten in der Tragödie:
   Sophokles' *Antigone*, Racines *Phädra*, Goethes *Iphigenie*, Kleists *Penthesilea*, Hofmannsthals *Alkeste*.
3. Humanität:
   Lessings *Nathan der Weise*, Goethes *Iphigenie*, Brechts *Der gute Mensch von Sezuan*.
4. Insel und Fremde:
   Sophokles' *Philoktet*, Shakespeares *Sturm*, Goethes *Iphigenie*, Defoes *Robinson Crusoe*.
5. Götter, Helden und Menschen:
   Aischylos' *Prometheus in Fesseln*, Goethes *Iphigenie*, Kleists *Amphitryon*.
6. Frauengestalten in der deutschen Klassik:
   Wielands *Alkeste*, Lessings *Emilia Galotti*, Schillers *Jungfrau von Orleans*, Goethes *Iphigenie*, Kleists *Käthchen von Heilbronn*.
7. Goethes Entwicklung als Dramatiker:
   Faust, *Götz von Berlichingen*, *Egmont* – *Iphigenie*, *Torquato Tasso* – *Faust II*.

6 Klausurvorschläge

1. Der erste Akt stellt das Verhältnis Iphigenies zu unterschiedlichen Personengruppen dar.
   a) Legen Sie anhand des 1. Aktes Iphigenies Verhältnis zu Agamemnon und zu Thoas dar. Welche Konflikte werden deutlich?
   b) Geben Sie anschließend eine Erklärung für Iphigenies Weigerung in eine Ehe mit Thoas einzuwilligen.
2. Im zweiten Akt treten Orest und Pylades gemeinsam auf. Charakterisieren Sie die unterschiedlichen Figuren Orest und Pylades anhand des ersten Auftritts im zweiten Aufzug. Gehen Sie dabei insbesondere auf das Verhältnis der Freunde zu den Göttern und zu dem Thema der Erinnerung ein.
3. a) Charakterisieren Sie Orests Lebenskrise vor dem Hintergrund des Muttermordes. Gehen Sie dabei auf die Funktion der Erinnyen ein (besonders anhand der Textpassagen V. 581–590, 749–757 und 1051–1070).
   b) Finden Sie, dass Orest das Beispiel für einen heroischen Menschentypen abgibt? Oder ist er eher schwach? Begründen Sie Ihren Standpunkt.

4. Iphigenie verkörpert, wie Thoas sagt, **die Stimme der Wahrheit und der Menschlichkeit.**
   a) Analysieren Sie anhand der Verse 1937–1952 die Bedeutung der Menschlichkeit unter besonderer Berücksichtigung der sprachlichen Form (Versform, stilistische und rhetorische Mittel).
   b) Erläutern Sie die Frage, ob der Anspruch der Humanität, den Iphigenie vertritt, noch heute gültig oder zu modifizieren ist.

LK:

1. An verschiedenen Stellen seines Dramas schiebt Goethe lyrische Passagen ein: V. 538–543, 1369–1375 sowie im Parzenlied.
   a) Bestimmen Sie die Themen und Funktionen der lyrischen Passagen für den Gesamtverlauf des Dramas.
   b) Warum, denken Sie, greift Goethe auf das Lyrische zurück?
2. Im ersten Auftritt meint Iphigenie: **Der Frauen Zustand ist beklagenswert.**
   a) Erläutern Sie Iphigenies Stellung als Frau im Drama. Gehen Sie dabei auf ihre unterschiedlichen Funktionen als Priesterin, Tochter, Schwester und Braut ein.
   b) Finden Sie, dass Iphigenie das Beispiel für eine moderne, emanzipierte Frau abgeben kann? Bietet Sie Ihrer Meinung nach Identifikationsmöglichkeiten?
3. Theodor W. Adorno (1974, S. 509):

   Die große Schlußszene mit Thoas [...] trachtet, durch einen Takt, der dem gesellschaftlichen abgelernt ist, durchs Ritual von Gastfreundschaft, bis zur Unkenntlichkeit abzuschwächen, was geschieht: daß der Skythenkönig, der real weit edler sich verhält als seine edlen Gäste, allein, verlassen übrig ist. Der Einladung wird er schwerlich folgen. Er darf, eine Sprachfigur Goethes anzuwenden, an der höchsten Humanität nicht teilhaben, verurteilt, deren Objekt zu bleiben, während er als ihr Subjekt handelte.

   a) Nehmen Sie zu Adornos Ansicht Stellung, indem Sie den Schluss des Dramas in die Diskussion einbeziehen.
   b) Wie beurteilen Sie Goethes Gestaltung des Thoas insgesamt?

7 Materialien

Material 1 Die Tantalidengenealogie

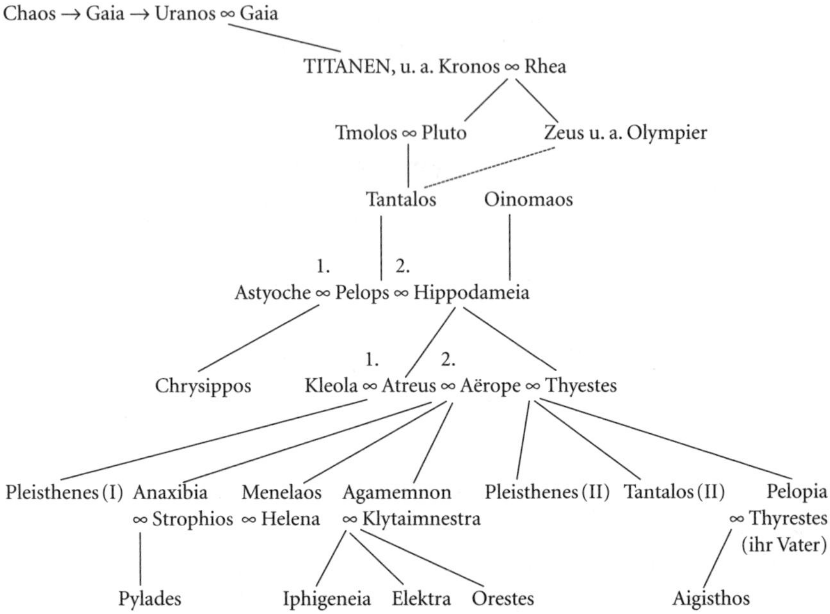

(aus: Angst, Joachim/Hackert, Fritz: Johann Wolfgang Goethe, Iphigenie auf Tauris. Stuttgart [Reclam] 1991 [= Erläuterungen und Dokumente 8101], S. 136)

Material 2 GOETHES **Prometheusgedicht**

Bedecke deinen Himmel, Zeus,
Mit Wolkendunst!
Und übe, Knaben gleich,
Der Diesteln köpft,
An Eichen dich und Bergeshöhen!
Mußt mir meine Erde
Doch lassen stehen,
Und meine Hütte,
Die du nicht gebaut,
Und meinen Herd,
Um dessen Glut
Du mich beneidest.

Ich kenne nichts Ärmer's
Unter der Sonn' als euch Götter.
Ihr nähret kümmerlich
Von Opfersteuern
Und Gebetshauch
Eure Majestät
Und darbtet, wären
Nicht Kinder und Bettler
Hoffnungsvolle Toren

Da ich ein Kind war,
Nicht wußt', wo aus, wo ein,
Kehrte mein verirrtes Aug'
Zur Sonne, als wenn drüber wär'
Ein Ohr, zu hören meine Klage,
Ein Herz wie meins,
Sich des Bedrängten zu erbarmen.

Wer half mir wider
Der Titanen Übermut?
Wer rettete vom Tode mich,
Von Sklaverei?
Hast du's nicht alles selbst vollendet,
Heilig glühend Herz?
Und glühtest, jung und gut,
Betrogen, Rettungsdank
Dem Schlafenden dadroben?

Ich dich ehren? Wofür?
Hast du die Schmerzen gelindert
Je des Beladenen?
Hast du die Tränen gestillet
Je des Geängstigten?
Hat nicht mich zum Manne
geschmiedet
Die allmächtige Zeit
Und das ewige Schicksal,
Meine Herrn und deine?

Wähntest du etwa,
Ich sollte das Leben hassen,
In Wüsten fliehn,
Weil nicht alle Knabenmorgen-
Blütenträume reiften?

Hier sitz' ich, forme Menschen
Nach meinem Bilde,
Ein Geschlecht, das mir gleich sei,
Zu leiden, weinen,
Genießen und zu freuen sich,
Und dein nicht zu achten,
Wie ich.

(aus: HA 1, S. 44–46)

Goethes Symbolbegriff

Material 3

Die Symbolik verwandelt die Erscheinung in Idee, die Idee in ein Bild, und so daß die Idee im Bild immer unendlich wirksam und unerreichbar bleibt und, selbst in allen Sprachen ausgesprochen, doch unaussprechlich bliebe.

Das ist die wahre Symbolik, wo das Besondere das Allgemeine repräsentiert, nicht als Traum und Schatten, sondern als lebendig-augenblickliche Offenbarung des Unerforschlichen.

(aus: HA 12, S. 470 f.)

Abrahams Versuchung

Material 4

Nach diesen Geschichten versuchte Gott Abraham und sprach zu ihm: Abraham! Und er antwortete: Hier bin ich. Und er sprach: Nimm Isaak, deinen einzigen Sohn, den du liebhast, und gehe hin in das Land Morija und opfere ihn dort zum Brandopfer auf einem Berge, den ich dir sagen werde. [...]
Und als sie an die Stätte kamen, die ihm Gott gesagt hatte, baute Abraham dort einen Altar und legte das Holz darauf und band seinen Sohn Isaak, legte ihn auf den Altar oben auf das Holz und faßte das Messer, daß er seinen Sohn schlachtete. Da rief ihn der Engel des Herrn vom Himmel und sprach: Abraham! Abraham! Er antwortete: Hier bin ich. Er sprach: Lege deine Hand nicht an den Knaben und tu ihm nichts; denn nun weiß ich, daß du Gott fürchtest und hast deines einzigen Sohnes nicht verschont um meinetwillen. Da hob Abraham seine Augen und sah einen Widder hinter sich in der Hecke mit seinen Hörnern hängen und ging hin und nahm den Widder und opferte ihn zum Brandopfer an seines Sohnes statt. [...]
Und der Engel des Herrn rief Abraham abermals vom Himmel her und sprach: Ich habe bei mir selbst geschworen, spricht der Herr: Weil du solches getan hast

und hast deinen einzigen Sohn nicht verschont, will ich dein Geschlecht segnen und mehren wie die Sterne am Himmel und wie den Sand am Ufer des Meeres, und deine Nachkommen sollen die Tore ihrer Feinde besitzen; und durch dein Geschlecht sollen alle Völker auf Erden gesegnet werden, weil du meiner Stimme gehorcht hast.

(aus: 2. Buch Moses 1,22)

Material 5 EURIPIDES: Iphigenie bei den Tauren

IPHIGENIE: Ich hab' etwas erdacht. Vielleicht gelingt's.
OREST: Was denn? Ich bitt' dich, teil es mir auch mit.
IPHIGENIE: Dein kranker Wahn ist Stütze meines Plans.
OREST: In Listen sind die Frau'n erfinderisch.
IPHIGENIE: Daheim, sag ich, beging er Muttermord.
OREST: Benutze meinen Fluch, wenn er uns hilft.
IPHIGENIE: Nicht opfern darf man ihn der Artemis.
OREST: Wie willst du das begründen? Ahn' ich es?
IPHIGENIE: Er ist nicht rein. Das heilige Recht verwehrt's.
OREST: Erbeuten wir dadurch der Göttin Bild?
IPHIGENIE: Entsühnen kann ihn nur des Meeres Flut.
OREST: Mein Ziel, das Bild, ist immer noch im Haus.
IPHIGENIE: Auch das bedarf des Bads. Du hast's berührt.
OREST: Des Bades? Wo? Hier in der Meeres Bucht?
IPHIGENIE: Nein! Wo dein Schiff verpflöckt an Tauen liegt.
OREST: Wer trägt das Bild auf seinen Armen? Du?
IPHIGENIE: Ich, ich! Es zu berühren ziehmt nur mir.
OREST: Und Pylades? Wie ziehst du ihn hinein?
IPHIGENIE: Mit Blut, sag ich, ist er befleckt wie du.
OREST: Soll Thoas darum wissen oder nicht?
IPHIGENIE: Er wird's erlauben. Heimlich geht es nicht.
OREST: Seetüchtig ist mein Schiff und fahrtbereit.
IPHIGENIE: Das weitere laß meine Sorge sein.
OREST: Eins tut noch Not: der Frau'n Verschwiegenheit. Berede Sie mit eindrucksvollem Wort. Im Rührenden ist Meisterin die Frau. Dann wird auch alles übrige gelingen.

(Verse 1029–1055)

Material 6 Tantalos, Prometheus, Erinnyen

Tantalos, König von Sipylos in Lydien, Sohn des Zeus und der Pluto, der Tochter des Kronos. Von Dione oder einer Pleiade war. T. der Vater des Pelops, der Niobe und des Broteas. Obwohl seine Strafe im Hades jedermann bekannt war, gab es viele Versionen über seine Verbrechen. Alle stimmen darin überein, daß sich T. der außerordentlichen Gunst der Götter als unwürdig erwies. Sie luden ihn ein mit ihnen auf dem Olymp zu speisen und Zeus selbst vertraute ihm; aber er stahl Nektar und Ambrosia und erzählte den Sterblichen gewisse Geheimnisse der Götter. In einer anderen Geschichte wird berichtet, daß er sich etwas Grauenhaftes ausdachte, um die Weisheit der Götter auf die Proble zu stellen. Als er die Götter zu einem Festmahl einlud, schnitt er Pelops in Stücke und setzte ihnen diesen in einem Eintopf vor. Die Götter durchschauten die List sofort, nur Demeter aß ein Stück von Pelops' Schulter. Die Götter erweckten Pelops schnell wieder zum Leben, aber sie verurteilten T. zu ewigen Qualen im Hades. Dort stand er bis zum Kinn im Wasser, aber immer, wenn er sich niederbeugte, um seinen brennenden Durst zu stillen, trocknete der See aus. Zweige mit Früchten hingen über seinem Kopf, aber wenn er seine Arme emporstreckte, um sie zu pflücken, blies der Wind sie fort. Außerdem war ein Stein über ihm aufgehängt, der jeden Augenblick auf ihn niederzufallen und ihn zu zerschmettern drohte.

(aus: E. Tripp, Reclams Lexikon der antiken Mythologie, Stuttgart: ^{5}1991, S. 492)

Prometheus, Titan. Prometheus (der Vorausdenkende) war ein Sohn des Titanen Iapetos von Iapetos' Schwester Themis oder von Klymene oder Asia, beide Okeaniden. P. oder Hephaistos soll Athene aus Zeus' Haupt entbunden haben, indem er es mit der Axt spaltete. P. ist jedoch am besten als wichtigster Vorkämpfer der Menschen bekannt, manche behaupten, er habe sie aus Lehm modelliert. Gewöhnlich schickte er seine Schöpfungen Zeus zur Begutachtung, aber als ihm einmal ein außerordentlich schönes Exemplar gelang, verzichtete er darauf, weil er die Vorliebe des Gottes für schöne Knaben kannte. Zeus jedoch hörte von dem Knaben, dessen Name Phaënon war, und ließ ihn in den Himmel entführen, wo er der Planet wurde, der jetzt Iupiter heißt. Diejenigen, die nicht glaubten, daß P. die Menschen aus Lehm herstellte, sagten, er habe sie auf die übliche Weise gezeugt. […] So verdankt das Menschengeschlecht dem Titanen seine Existenz auf die eine oder andere Weise.
Es ist ihm auch für die Grundlagen der Zivilisation zu Dank verpflichtet. Zeus hatte keine sehr hohe Meinung von menschlichen Wesen. Er und die anderen Götter verlangten ständig Opfer von den Menschen, denen es schwer genug fiel, Nahrung für sich selbst zu finden. P. fand zu seinem eigenen Unglück mehrere Mittel, um das Los seiner Geschöpfe zu verbessern. Er überredete Zeus, mit einem Teil der Opfertiere zufrieden zu sein, während bisher die ganzen Tiere verlangt worden waren. Ein Streit erhob sich darüber, welcher Teil den Göttern gehören sollte. Der Titan hüllte die besten Teile des Fleisches in eine Ochsenhaut oder einen -magen, Knochen und Innereien aber einladend in üppiges Fett, dann überließ er dem Gott die Wahl. Zeus ließ sich täuschen und wählte die schlechteren Teile. Durch P.'s Verschlagenheit wurde die tägliche Kost der Menschen viel besser, aber Zeus vergaß es ihm nicht, daß er ihn überlistet hatte.
Die Menschen lebten immer noch armselig, denn sie konnten sich weder warm halten noch ihr Essen kochen, da das Feuer für die Götter reserviert war. P. entschloß sich zu einer gefährlichen Unternehmung um der Menschheit diese Wohltat zu verschaffen. Er stahl Feuer aus dem Himmel, verbarg es in einem hohlen Rohr und brachte es heimlich auf die Erde hinab. Zeus war wütend über die Unverschämtheit des Titanen und befahl Hephaistos ihn an einen Felsen im Kaukasus zuschmieden und schickte einen Adler, der ihm jeden Tag seine Leber, die ihm über Nacht wieder nachwuchs, heraushacken sollte. […]
Das Ende seiner Leiden ist umstritten. Sein Befreier war offensichtlich Herakles; er erschoß den Adler und zerbrach P' Ketten.

(aus: E. Tripp, Reclams Lexikon der antiken Mythologie, Stuttgart ^{5}1991, S. 455 f.)

Material 6

Erinnyen, weibliche Wesen; sie bestraften die, die sich gegen Bande des Blutes vergangen hatten. Die E., von den Römern Furien genannt, wurden zusammen mit den Giganten und den Meliai aus der Erde geboren, als sie von Blutstropfen des kastrierten Uranus befruchtet wurde. Manche Schriftsteller nennen drei von ihnen beim Namen (Alekto, Tisiphone und Megaira), aber im Allgemeinen haben sie weder einen Namen, noch wird ihre Zahl genannt. Sie wurden von Aischylos als erschreckend scheußlich beschrieben, aber in der bildenden Kunst selten so dargestellt. Ihre wichtigste Funktion war es, Väter oder noch öfters Mütter an ihren pflichtvergessenen Kindern zu rächen; sie stellten sich auch auf die Seite älterer Kinder gegen ihre jüngeren Geschwister. In den berühmten Fällen von Orest und Alkmeon trieben sie die beiden jungen Männer zum Wahnsinn, weil sie ihre Mütter ermordet hatten. [...] Wenn es jemandem misslang die Ermordung eines Mitglieds seiner Familie zu rächen, rächten die E. den Tod an ihm. (Dies brachte Orest in einen unlösbaren Zwiespalt: Da seine Mutter seinen Vater ermordet hatte, wäre er von den E. bestraft worden, ob er sie tötete oder nicht.) Nach dem Bericht einiger Schriftsteller sollen die E. im Hades die Foltern durchgeführt haben, die die Götter Schurken wie Sisyphos und Tantalos auferlegten.

(aus: E. Tripp, Reclams Lexikon der antiken Mythologie, Stuttgart: ^{5}1991, S. 181 f.).

(li. oben: Kirsten Dene in der Titelrolle der Peymann-Inszenierung von Goethes »Iphigenie auf Tauris« © Gundel Kilian. Wäschen-beuren; li. Mitte: Johann Heinrich Wilhelm Tischbein. Lady Hamilton als Iphigenie © Stiftung Weimarer Klassik; li. unten: Friedrich Wilhelm Facius. Corona Schröter und Goethe als »Iphigenie« und »Orest« in der ersten Aufführung der »Iphigenie auf Tauris« © Stiftung Weimarer Klassik; re. oben: Anselm Feuerbach. Iphigenie, das Land der Griechen mit der Seele suchend © Staatsgalerie Stuttgart; re. unten: Charlotte von Stein. Selbstbildnis in Graphit © Stiftung Weimarer Klassik.)

Material 8 Bühnenfoto der »Iphigenie« – Aufführung von Peymann

(Kirsten Dene als Iphigenie in der Aufführung »Iphigenie auf Tauris«; Württemb. Staatstheater, Regie: Claus Peymann; © Gundel Kilian, Wäschenbeuren)

(Kirsten Dene als Iphigenie in der Aufführung »Iphigenie auf Tauris«; Württemb. Staatstheater, Regie: Claus Peymann; © Gundel Kilian, Wäschenbeuren)

Material 10 Bühnenfoto der »Iphigenie« – Aufführung von Peymann

(Branko Samarovski als Thoas und Kirsten Dene als Iphigenie in der Aufführung »Iphigenie auf Tauris«; Württemb. Staatstheater, Regie: Claus Peymann; © Gundel Kilian, Wäschenbeuren)

Anhang

Anmerkungen

[1] Brief an Schiller vom 19. März 1802. HA 5, S. 408.
[2] HA 10, S. 311.
[3] Schwab 1975, S. 619.
[4] In der *Italienischen Reise* nennt Goethe ein Bild der heiligen Agatha als Vorbild der Iphigenie. Vgl. HA 11, S. 107.
[5] Den Einfluss Racines betont neben Jauss Borchmeyer 1981, S. 70.
[6] Vgl. HA 5, S. 438.
[7] HA 11, S 208.
[8] Brief an Lavater vom 13. 10. 1780. Vgl. HA 5, S. 405.
[9] Brief an Herder vom 1. 9. 1786. Vgl. HA 5, S. 406.
[10] HA 11, S. 157.
[11] Vgl. HA 5, S. 411; Angst/Hackert 1991, S. 56.
[12] Vgl. Angst/Hackert 1991, S. 57.
[13] Hegel, zit. nach: Angst/Hackert 1991, S. 67.
[14] Vgl. Angst/Hackert 1991, S. 74.
[15] Vgl. Gundolf 1916, S. 307.
[16] Jauss 1982, S. 712.
[17] Vgl. Gundolf 1916, S. 309–311; Staiger 1964, S. 351; Friedenthal 1982, S. 225 f.
[18] Vgl. Rasch 1979, S. 25; Eissler 1987, S. 378.
[19] Brief an Ch. von Stein vom 6. März 1779, HA 5, S. 403.
[20] Ch. Bürger 1977, S. 177.
[21] Jauss 1982, S. 704.
[22] Jauss 1982, S. 706.
[23] Brief an Schiller vom 19. Januar 1802. HA 5, S. 408.
[24] HA 12, S. 225.
[25] Winckelmann, zit. nach: Angst/Hackert 1991, S. 82.
[26] Winckelmann, zit. nach: Angst/Hackert 1991, S. 85.
[27] Brief von Schiller an Körner vom 21. Januar 1802. Vgl. HA 5, S. 414.
[28] Henkel 1982a, S. 63.
[29] Borchmeyer 1981, S. 57.
[30] Rasch 1979, S. 8.
[31] Vgl. Angst/Hackert 1991, S. 68.
[32] Vgl. 2. Buch Moses 1, 22.
[33] Rasch 1979, S. 19.
[34] Adorno 1974, S. 496.
[35] Hegel, zit, nach Angst/Hackert 1991, S. 67.
[36] Borchmeyer 1981, S. 67.
[37] Vgl. Borchmeyer 1981, S. 71.
[38] Brief von Schiller an Goethe, 22. Januar 1802. Vgl. HA 5, S. 415.
[39] Vgl. Borchmeyer 1981, S. 72.
[40] Adorno 1974, S. 511.
[41] Borchmeyer 1981, S. 72.
[42] Freud 1975, S. 197.
[43] Freud 1975, S. 198.
[44] Freud 1975, S. 200.
[45] Henkel 1982b, S. 94.
[46] Adorno 1974, S. 512.
[47] Aristoteles 1982, S. 35.
[48] Rasch 1979, S. 14.
[49] Borchmeyer 1981, S. 71.
[50] Henkel 1982a, S. 69.
[51] Henkel 1982b, S. 100
[52] Vgl. Rasch 1979, S. 8.
[53] HA 12, S. 406.
[54] Henkel 1982a, S. 76.
[55] Vgl. Müller 1956.
[56] Zur Geschichte des Prometheus vgl. Schwab 1975, S. 9–13.
[57] HA 1, S. 44–46.
[58] HA 10, S. 48 f.
[59] Henkel 1982a, S. 78.
[60] Adorno 1974, S. 509.
[61] Kant 1974, S. 74.
[62] Kant 1974, S. 82.
[63] M. Walser, zit. nach: Angst/Hackert 1991, S. 104.
[64] Adorno 1974, S. 509.
[65] Adorno 1974, S. 506.
[66] Henkel 1982a, S. 69.
[67] Henkel 1982a, S. 63.
[68] Adorno 1974, S. 509 und 511.
[69] Kurz 1982, S. 68.
[70] HA 12, S. 470.
[71] HA 12, S. 471.
[72] Adorno 1974, S. 501.
[73] Moritz 1993, S. 473.
[74] Vgl. Angst/Hackert 1991, S. 56.
[75] Vgl. Angst/Hackert 1991, S. 56.
[76] Rasch 1979, S. 188.
[77] HA 1, S. 353.
[78] Herder, in: Was ist Aufklärung? 1974, S. 38.
[79] Herder, zit. nach Angst/Hackert 1991, S. 86.
[80] Herder, zit. nach Angst/Hackert 1991, S. 94.
[81] Herder, zit. nach Angst/Hackert 1991, S. 92.
[82] Herder, zit. nach Angst/Hackert 1991, S. 94.
[83] Rasch 1979, S. 16.

[84] Kant, zit. nach: Was ist Aufklärung? 1974, S. 9.
[85] Kant, zit. nach: Was ist Aufklärung? 1974, S. 9.
[86] Kant, zit. nach: Was ist Aufklärung? 1974, S. 9.
[87] Kant, zit. nach: Was ist Aufklärung? 1974, S. 11.
[88] Vgl. Horkheimer/Adorno 1988, S. 6.
[89] Adorno 1974, S. 500.
[90] Adorno 1974, S. 512.
[91] Segebrecht 1983, S. 181.

Literaturverzeichnis

Goethe: Textausgaben; Ausgaben mit Materialien; Biografien

Goethe, Johann Wolfgang: *Iphigenie auf Tauris*. Stuttgart (Reclam) 1993 u. ö. (= RUB 83).

Goethe, Johann Wolfgang: Werke. Hamburger Ausgabe in 14 Bänden. München 1982 [zit. als: HA].

Angst, Joachim/Hackert, Fritz: Johann Wolfgang Goethe. Iphigenie auf Tauris. Stuttgart (Reclam) 1991 (= Erläuterungen und Dokumente 8101)

Eissler, K. R.: Goethe. Eine psychoanalytische Studie. Frankfurt a. M. 1987.

Friedenthal, Richard: Goethe. Sein Leben und seine Zeit. München 1982.

Sekundärliteratur mit schulischem Adressatenkreis

Böcker, Lisa/Wenderott, Claus: Impulse für das Interkulturelle Lernen. Und es gewöhnt sich nicht mein Geist hierher. Goethes Iphigenie – Reflexionen über Fremdheit. Essen 1995.

Eversberg, Gerd: Johann Wolfgang von Goethe: Iphigenie auf Tauris. Hollfeld 1986 (= Bausteine Deutsch).

Fischer-Lichte, Erika: Goethes Iphigenie – Reflexionen auf die Grundwidersprüche der bürgerlichen Gesellschaft. In: Diskussion Deutsch 6 (1975).

Holst, Günther: Johann Wolfgang von Goethe: Iphigenie auf Tauris. Frankfurt a. M. 1976 (= Diesterweg: Gedanken und Grundlagen zum Verständnis des Dramas).

Ivo, Hubert: Die politische Dimension des Deutschunterrichts. Zum Beispiel: Goethes Iphigenie. In: Diskussion Deutsch. Sonderband: Zur politischen Dimension des Deutschunterrichts. Frankfurt a. M. 1973. S. 5–36.

Lorenz, Rolf: Utopie kontra Entfremdung? Eine Entgegnung auf H. Ivos Versuch Goethes Iphigenie politisch zu verstehen. In: Diskussion Deutsch 5 (1974), S. 181–192.

Müller, Udo: Johann Wolfgang von Goethe: Iphigenie auf Tauris. Stuttgart 1988 (= Klett-Lektürehilfen).

Sack, Volker: Gegenbilder: Johann Wolfgang von Goethe: Iphigenie auf Tauris; Friedrich Hebbel: Maria Magdalena. Stuttgart 1987 (= Klett: Anregungen für den Literaturunterricht).

Schemme, Wolfgang: [...] der Himmel behüte uns vor ewigen Werken – Von der kanonischen Gefangenschaft der Iphigenie. In: Literaturdidaktik – Lektürekanon – Literaturunterricht. Hrsg. von Detlef C. Kochan, Amsterdam 1990. S. 201–250.

Sonstige Literatur

Adorno Theodor W.: Zum Klassizismus in Goethes Iphigenie. In: Noten zur Literatur, Frankfurt a. M. 1974 [1967]. S. 495–514.

Aristoteles: Poetik. Stuttgart 1982 (= RUB 7828).

Borchmeyer, Dieter: Johann Wolfgang von Goethe: Iphigenie auf Tauris. In: Deutsche Dramen. Interpretationen zu Werken von der Aufklärung bis zur Gegenwart, hrsg. von Harro Müller-Michaels. Bd. 1, Königstein 1981. S. 52–86.

Braun, Volker: Iphigenie in Freiheit. Frankfurt a. M. 1992.

Bürger, Christa: Iphigenie – die Entstehung der bürgerlichen Institution Kunst. In: Der Ursprung der bürgerlichen Institution Kunst. Literatursoziologische Untersuchungen zum klassischen Goethe. Frankfurt a. M. 1977, S. 177–207.

Euripides: Tragödien. Zürich und München 1990. S. 3345–391.

Freud, Sigmund: Trauer und Melancholie, in: Studienausgabe Band III. Psychologie des Unbewussten. Frankfurt a. M. 1975, S. 193–212.

Gundolf, Friedrich: Goethe –Leipzig – Berlin 1916.

Henkel, Arthur: Iphigenie auf Tauris. In: Goethe-Erfahrungen. Studien und Vorträge. Stuttgart 1982, S. 61–83 (= Henkel 1982b).

Horkheimer, Max/ Adorno, Theodor W.: Dialektik der Aufklärung. Philosophische Fragmente. Frankfurt a. M. 1988.

Jauss, Hans Robert: Racines und Goethes Iphigenie. In: Ästhetische Erfahrung und literarische Hermeneutik, Frankfurt a. M. 1982 [1973]. S. 704–735.

Kant, Immanuel: Werkausgabe VII. Kritik der praktischen Vernunft. Grundlegung zur Metaphysik der Sitten. Hrsg. von W. Weischedel, Frankfurt a. M. 1974.

Kurz, Gerhard: Metapher, Allegorie, Symbol. Göttingen 1982.

Moritz, Karl Philipp: Werke. 3. Band. Hrsg. von Horst Günther, Frankfurt a. M. 1981.

Müller, Günther: Das Parzenlied in Goethes Iphigenie. In: Die deutsche Lyrik. Form und Geschichte. Hrsg. von Benno von Wiese, Düsseldorf 1956, S. 237–250.

Rasch, Wolfdietrich: Goethes Iphigenie auf Tauris als Drama der Autonomie, München 1979.

Schwab, Gustav: Sagen des klassischen Altertums. Frankfurt a. M. 1975.

Segebrecht, Ursula: Götter, Helden und Goethe. Zur Geschichtsdeutung in Goethes Iphigenie auf Tauris: In: Klassik und Moderne. Hrsg. von Karl Richter und Jörg Schönert. Stuttgart 1983, S. 175–193.

Staiger, Emil: Goethe. Band 1. Zürich 1964, S. 350–387.

Tripp, Edward: Reclams Lexikon der antiken Mythologie. Übersetzung von Rainer Rauthe. Stuttgart [5]1991 (RUB)

Was ist Aufklärung? Thesen und Definitionen. Hrsg. von Ehrhard Bahr. Stuttgart (Reclam) 1983 (= RUB 9714)

Zeittafel zu Leben und Werk

1749 Geboren am 28. 8. in Frankfurt am Main (Eltern: Johann Kaspar Goethe und Katharina Elisabeth Goethe, geb. Textor. Wohlhabendes Bürgertum)

1850 Geburt der Schwester Cornelia

1865–1768 Studium der Rechte in Leipzig. *Die Laune der Verliebten. Die Mitschuldigen.*

1770–1771 Studium in Straßburg. Bekanntschaft mit Herder. Liebschaft mit Frederike Brion

1773 *Götz von Berlichingen. Prometheus-Fragment.*

1774 *Werther, Götter, Helden und Wieland* (Satire über antikisierende Dichtung Wielands). *Clavigo,* Prometheusgedicht.

1775 Kurze Verlobung mit Lili Schönemann. *Stella,* Einladung nach Weimar, der Goethe folgt. Beginn der Freundschaft mit Charlotte von Stein.

1776 Eintritt in den Weimarer Staatsdienst.

1777 Tod der Schwester Cornelia

1779 Ernennung zum Geheimen Rat. *Iphigenie auf Tauris* (Prosafassung, geschrieben vom 28. 2.–28. 3.): Erste Aufführung am 6. April: Goethe als Orest.

1780 Erste Neufassung der *Iphigenie* in freien Rhythmen

1786–1788 Italienische Reise (Fertigstellung der Iphigenie). Bekanntschaft u. a. mit Karl Philipp Moritz.

1787 *Iphigenie auf Tauris* (endgültige Versfassung). *Egmont.*

1788 Beginn der Lebensgemeinschaft mit Christiane Vulpius. Erste Begegnung mit Schiller.

1789 Geburt des Sohnes August. *Torquato Tasso.*

1790 *Faust I.*

1792 Feldzug nach Frankreich (1822: *Campagne in Frankreich*)

1794 Freundschaft mit Schiller (gemeinsame Herausgabe der Zeitschrift ***Die Horen***).

1796 *Wilhelm Meisters Lehrjahre. Hermann und Dorothea.*

1803 *Die natürliche Tochter.*

1805 *Winckelmann und sein Jahrhundert.*

1806 Trauung mit Christiane Vulpius.

1809 *Wahlverwandtschaften*

1810 *Farbenlehre*

1819 *West-östlicher Diwan*

1820 *Wilhelm Meisters Wanderjahre*

1823 Bekanntschaft mit Eckermann, der fortan als Sekretär für Goethe arbeitet und später den Nachlass verwaltet.

1831 *Dichtung und Wahrheit* (Abschluss der Autobiografie, begonnen 1809).

1832 *Faust II.*
Tod am 22. 3. nach schwächender Krankheit. Beisetzung am 26. 3. in der Fürstengruft.

Raum für Notizen:

Raum für Notizen:

Raum für Notizen: